Evitando atrocidades masivas

*De la Responsabilidad de Proteger (RP) al Derecho de Ayudar (DA)
Campañas de resistencia civil*

Peter Ackerman y Hardy Merriman

Resumen

La Responsabilidad de Proteger (RP) fue desarrollada como una doctrina para evitar atrocidades masivas (genocidio, limpieza étnica, crímenes de guerra, crímenes de lesa humanidad). Dado que ofrece una excepción importante al principio de no intervención, esta depende del Consejo de Seguridad de la ONU para autorizar sus disposiciones más agresivas, como la intervención armada. A pesar de su promesa inicial, una década de práctica de RP ha revelado que esta puede verse fácilmente limitada por objeciones de los estados miembros de la ONU.

El mundo necesita nuevas aproximaciones para la prevención de atrocidades que sean adaptables, innovadoras e independientes de una doctrina centrada en el estado. Con el objetivo de reducir los factores de riesgo, como una guerra civil, abogamos por un nuevo marco normativo llamado el Derecho de Ayudar (DA), el cual fortalecería la coordinación internacional y el apoyo a campañas de resistencia civil noviolenta que demandan derechos, libertad y justicia en contra de los regímenes no democráticos. Lo que DA haría es:

1. Involucrar a una amplia variedad de partes interesadas, como ONG's, estados, instituciones multilaterales y otros;
2. Reforzar varios factores de resistencia en contraste con la fragilidad estatal; e
3. Incentivar a grupos de la oposición a mantener el compromiso con las estrategias de cambio noviolentas.

La adopción de esta doctrina puede reducir la probabilidad del conflicto violento que aumenta considerablemente el riesgo de atrocidad, al mismo tiempo que incrementa las perspectivas de desarrollo humano constructivo.

Nuestro argumento se basa en investigaciones en ciencias sociales sobre el impacto de la resistencia civil en las sociedades. Explicamos lo que hace exitosas a las campañas de resistencia civil y ofrecemos una clasificación de cinco partes sobre las diferentes formas de apoyar estas campañas. Posteriormente, abordamos las cuestiones sobre la operacionalización del esquema de Derecho de Ayudar, en donde también se ofrecen:

- criterios para determinar qué campañas de resistencia civil pueden ser apoyadas;
- consideraciones para determinar qué formas de asistencia ofrecer;
- discusión sobre el apoyo externo y el derecho internacional; e
- discusión sobre el apoyo externo y el derecho internacional.

Nuestro objetivo es ofrecer un esquema específico para implementar el DA de manera práctica, e invitamos a que se hagan investigaciones y debates adicionales para desarrollar y refinar las ideas sobre este tema.

Sobre los autores

El Dr. Peter Ackerman es fundador del International Center on Nonviolent Conflict (ICNC), y co-autor de los libros: *A Force More Powerful: A Century of Nonviolent Conflict (2001)* y *Strategic Nonviolent Conflict: The Dynamics of People Power in the Twentieth Century (1994)*. Fue editor en serie y principal asesor de contenido de la serie, "A Force More Powerful," dos veces nominada al Emmy, y que traza la historia de la resistencia civil en el siglo XX. Fue también productor ejecutivo de otras películas sobre resistencia civil, incluyendo el documental de PBS, "Bringing Down a Dictator," sobre la caída del dictador Slobodan Milosevic, y por el cual recibió el Premio Peabody en 2003 y el Premio de ABC News Video Source de la Asociación Internacional de Documentales en 2002. El Dr. Ackerman es co-presidente del Comité Asesor Internacional del Instituto para la Paz de los Estados Unidos y es parte del Comité Ejecutivo de la Junta del Atlantic Council.

Hardy Merriman es presidente del International Center on Nonviolent Conflict (ICNC). Ha trabajado en el campo de la resistencia civil desde 2002, presentándose en talleres para activistas y organizadores de todo el mundo; hablando ampliamente sobre movimientos de resistencia civil con académicos, periodistas y miembros de organizaciones internacionales; y desarrollando recursos educativos. Sus escritos han sido traducidos a numerosos idiomas. Entre 2016 y 2018 también fue profesor adjunto en la Facultad Fletcher de Derecho y Diplomacia de la Universidad de Tufts. El Sr. Merriman ha contribuido en los libros *Is Authoritarianism Staging a Comeback? (2015)*, *Civilian Jihad: Nonviolent Struggle, Democratization, and Governance in the Middle East (2010)*, y *Waging Nonviolent Struggle: 20th Century Practice and 21st Century Potential (2005)*, y es coautor de dos estudios bibliográficos sobre resistencia civil. También ha escrito sobre el papel de la acción noviolenta para contrarrestar el terrorismo, y es co-autor de *A Guide to Effective Nonviolent Struggle*, un programa de entrenamiento para activistas.

ÍNDICE

Introducción 1
              DA como enfoque alternativo 4

Cómo el apoyo a las campañas de resistencia civil puede evitar atrocidades masivas 5

¿Qué formas de ayuda son útiles? 11
          1. Educación pública sobre la resistencia civil 12
          2. Desarrollo de capacidades para campañas de resistencia civil 13
          3. Mitigar el impacto de la represión y la interrupción 14
          4. Aumentar el costo de la represión 15
          5. Fomentar una transición política estable 17
          Aplicación del esquema: reevaluando la resistencia y las posibilidades en Siria 18

Abordando las preocupaciones sobre el Derecho de ayudar 21
          1. ¿Qué campañas deberían recibir asistencia? 21
          2. ¿El apoyo a la resistencia civil es sinónimo de apoyar un cambio de régimen? 23
          3. ¿Qué pasa si el apoyo externo tiene un impacto perjudicial en una campaña? 24
          4. ¿Qué pasa si el apoyo externo contribuye a la inestabilidad social? 26
          5. ¿Qué formas de apoyo externo a las campañas de resistencia civil están permitidas por el derecho internacional? 28
          6. ¿Cómo se debe solicitar el DA y quién debe ejercer la supervisión? 32

Conclusión 37

Notas finales 41

Agradecimientos 65

ILUSTRACIONES

Imagen 1: Asesinatos masivos en campañas violentas y noviolentas 6
Imagen 2: Índices históricos de éxito en campañas noviolentas y violentas : 1900-2006 7
Imagen 3: Probabilidad de que un gobierno logre la democracia cinco años después de haber terminado la campaña: 1900-2006 8

Introducción

El final de la Guerra Fría en 1991 generó la creencia optimista de que surgirían cada vez más posibilidades de paz y seguridad en todo el mundo. Poco después, el mundo fue testigo de atrocidades en Bosnia (1993), Ruanda (1994) y Kosovo (1999). En cada caso, la violencia se produjo tanto con los perpetradores locales como con las víctimas.

El consenso comenzó a construir la idea de que se necesitaba una respuesta internacional que requiriera diluir el principio de la no intervención. Una nueva doctrina, llamada "La Responsabilidad de Proteger (RP)" fue adoptada por las Naciones Unidas en 2005, la cual establecía que:

Cada estado es responsable de proteger a su población del genocidio, crímenes de guerra, depuración étnica y crímenes de lesa humanidad. La comunidad internacional debe, según proceda, alentar y ayudar a los estados a ejercer esa responsabilidad [...] y a adoptar medidas colectivas, de manera oportuna y decisiva, por medio del Consejo de Seguridad, [...] si los medios pacíficos resultan inadecuados.[1]

En 2009, la RP se desarrolló aún más para incluir tres pilares para su posterior implementación, mismos que se describen a continuación:

Pilar 1: Los estados tienen la responsabilidad de proteger a sus ciudadanos de atrocidades masivas.

Pilar 2: Los estados se comprometen a desarrollar la capacidad de otros estados para prevenir y proteger a sus poblaciones de atrocidades masivas.

Pilar 3: el Consejo de Seguridad de la ONU puede autorizar la intervención externa si los estados no cumplen con su responsabilidad de proteger a sus poblaciones.[2]

Una prueba importante para RP se produjo cuando el Consejo de Seguridad de la ONU aprobó la Resolución 1973 el 17 de marzo de 2011. Partiendo de la idea de que el gobierno libio iba a cometer atrocidades de manera inminente en la ciudad de Benghazi, el Consejo de Seguridad de la ONU aprobó "una zona de prohibición de vuelos" sobre Libia y autorizó "todas las medidas necesarias para la protección de civiles."[3]

Unos días después una campaña militar extranjera, que consistió exclusivamente en fuerzas aéreas, comenzó a implementar esta Resolución. La operación repelió al ejército del dictador libio Muammar Gaddafi y a sus mercenarios, pero también hizo que los rebeldes libios lanzaran acciones de ofensiva sobre el terreno y avanzaran sobre la capital.[4] Posteriormente, el gobierno de Gaddafi fue derrocado a través de la violencia siete meses después, cuando fue capturado y asesinado.

Los académicos y miembros de la comunidad política están en desacuerdo sobre qué tan conveniente fue la intervención. Sin embargo, independientemente de la opinión de cada uno, es indiscutible que la intervención provocó un número considerable de muertes. Por otro lado, esta no detuvo el conflicto violento mientras Gaddafi se mantuvo en el poder; por el contrario, intensificó el nivel de violencia del conflicto y generó inestabilidad en la región después de la caída de Gaddafi.[5] También desencadenó una serie de motivaciones perjudiciales para los grupos de oposición en otros países (incluyendo los de Siria), al hacerlos recurrir a la violencia con la esperanza de provocar una intervención armada extranjera.[6]

Además, los líderes de los estados que aspiraban a tener armas nucleares señalaron que Gaddafi, quien previamente había renunciado a su programa de armas nucleares tras la presión occidental, fue derrocado por una intervención de la OTAN en Libia, lo que tuvo un impacto en sus consideraciones sobre si deberían abandonar o no sus propias ambiciones nucleares en el futuro.[7]

Debido al precedente que estableció, la intervención libia también dañó severamente las posibilidades de aplicar el Pilar 3 de la RP en el futuro. Cuando la OTAN extendió el mandato de la Resolución 1973 de meramente establecer una zona de exclusión aérea a promover un cambio de régimen, los gobiernos de China y de Rusia dejaron en claro que nunca permitirían que el Consejo de Seguridad autorizara una vez más algo similar.[8] En años posteriores, se desarrollaron graves atrocidades masivas en Siria, la República Centroafricana, Sudán del Sur y Myanmar sin perspectivas de una intervención armada bajo RP.

A medida que el tercer pilar de RP se ha vuelto insostenible, la lógica más reciente se ha enfocado en el uso del Pilar 2, el cual apunta a la capacidad de los estados para prevenir y proteger a sus poblaciones de las atrocidades. Sin embargo, el Pilar 2 está limitado por el hecho de que solo puede ponerse en funcionamiento a través del consentimiento del gobierno en turno. Como tal, cualquier gobierno puede rechazar el apoyo para proteger a su población si siente que dicho apoyo puede poner en peligro sus prácticas y políticas. Además, algunos gobiernos pueden rechazar el apoyo estipulado en el Pilar 2 porque quieren cometer o permitir que se lleven a cabo atrocidades masivas, con poco temor a que el Pilar 3 pueda ser invocado en su contra.

Por tanto, desde su adopción original hasta el presente, la RP ha sido dañada y sus debilidades fundamentales han quedado expuestas; pues está restringida a un esquema centrado en el estado, y depende del Consejo de Seguridad de la ONU para autorizar sus disposiciones más agresivas, así como del consentimiento de los gobiernos en turno para permitir otras formas de apoyo.

El riesgo de las atrocidades masivas es demasiado claro para que el debate permanezca estancado dentro de este acertijo. Necesitamos nuevos enfoques de prevención que sean más adaptables, innovadores e independientes de una doctrina centrada en el Estado. En este documento sostenemos uno de estos enfoques: el apoyo internacional para las poblaciones que están llevando a cabo resistencias civiles noviolentas con el fin de obtener derechos, libertad y justicia frente a regímenes no democráticos. Con este fin, proponemos un nuevo esquema normativo llamado El Derecho de Ayudar (DA), en virtud del cual una variedad de actores (ONGs, Estados, instituciones multilaterales y otros) pueden organizar tales esfuerzos sin depender de la autorización o implementación oficial de la ONU o de gobiernos extranjeros. DA puede incentivar a que los grupos de oposición mantengan el compromiso con las estrategias noviolentas de cambio, reduciendo así la posibilidad de guerras civiles y atrocidades, y aumentando la probabilidad de tener resultados democráticos.

> *Desde su adopción original hasta el presente, la Responsabilidad de Proteger ha sido dañada y sus debilidades fundamentales han quedado expuestas.*

DA como enfoque alternativo

El Derecho de Ayudar se basa en la premisa de que el riesgo de atrocidades aumenta considerablemente cuando dos o más partes participan en un conflicto violento. Por ejemplo, aproximadamente dos tercios de las atrocidades masivas cometidas entre 1945 y 2010 tuvieron lugar en el contexto de guerras civiles.[9] Por lo tanto, si queremos reducir la cantidad de atrocidades en el mundo, necesitamos reducir la probabilidad de conflictos violentos como respuesta a disputas interestatales.[10]

Los gobiernos no democráticos incrementan el riesgo de conflictos violentos.[11] La represión, el mal gobierno, la falta de rendición de cuentas y de respeto por los derechos que caracteriza a estos regímenes conduce a un resentimiento entre las poblaciones que gobiernan. Con frecuencia, los reclamos populares son impulsados o agravados por la incompetencia gubernamental, la corrupción y la distribución desigual de los recursos.

Si se les deja solos, esos gobiernos rara vez se auto-democratizan. Sus poblaciones cada vez encuentran más intolerable su régimen y paulatinamente comienzan a levantarse y a resistir. Cuando las poblaciones llegan a esa instancia (y esto es más una cuestión de "cuándo se levantan" más que de "si es que se levantan") se enfrentan a una elección fundamental sobre cómo deberán resistir: si a través de tácticas violentas o noviolentas.

Las últimas tres décadas revelan que la gente elige cada vez más las tácticas noviolentas y realiza campañas de resistencia civil (a veces denominadas "campañas noviolentas," "movimientos de resistencia civil" o "movimientos de poder popular").[12] Estas campañas están impulsadas por un gran número de personas comunes que emplean una variedad de tácticas, como huelgas, boicots, desobediencia civil, manifestaciones masivas, actos de no cooperación; y otras acciones noviolentas para luchar por derechos, libertad y justicia. Puede parecer ilógico que tales campañas puedan tener éxito contra un gobierno

> *Tanto la resistencia violenta como la noviolenta incrementan la inestabilidad social, pero el riesgo de desencadenar atrocidades es mucho mayor para la insurgencia violenta que para la resistencia civil.*

autoritario, pero la práctica general revela que estas aumentan los costos de control de un gobierno (políticos, económicos y sociales) y exponen grietas en las lealtades e intereses de varios grupos de la sociedad. Frente a la disidencia y a la no cooperación sostenida, organizada y generalizada, las deserciones de aquellos dentro de los pilares de apoyo de un gobierno se vuelven mucho más probables. Los gobernantes pueden optar por hacer concesiones y reformas como una forma de apuntalar su posición, pero si en cambio confían cada vez más en la represión violenta, en algún punto la resistencia civil popular puede llegar a hacer que el sistema opresivo sea insostenible. A medida que la base social e institucional de un régimen se disuelve, las órdenes ya no se respetan y los gobernantes no tienen otra opción más que renunciar.

Cómo el apoyo a las campañas de resistencia civil puede evitar atrocidades masivas

Tanto la resistencia violenta como la noviolenta incrementan la inestabilidad social, pero el riesgo de desencadenar atrocidades es mucho mayor para la insurgencia violenta que para la resistencia civil. Por lo tanto, debemos encontrar la forma de incentivar y apoyar la elección por la resistencia civil.

Un estudio realizado en 2018 por los académicos Evan Pekoski y Erica Chenoweth destaca esta diferencia en el riesgo. Pekoski y Chenoweth encontraron que, en conjunto, el 43 por ciento de los levantamientos nacionales (que usaron tácticas violentas o noviolentas) en algún momento estuvieron expuestos a asesinatos masivos (en los que mil o más civiles no combatientes pueden ser asesinados en un solo evento). Sin embargo, el tipo de resistencia implementada tiene un gran impacto sobre esta probabilidad. Las campañas violentas estuvieron casi tres veces más expuestas a asesinatos masivos que las campañas noviolentas (68 por ciento frente a 23 por ciento).[13] Este hallazgo es crítico porque a diferencia de ciertos factores de riesgo de tipo estructural (como la presencia de un gobierno autocrático, etnicidad elitista, o ideología de exclusión), que son inamovibles a corto plazo, el tipo de resistencia puede verse influenciada de manera inmediata y directa por los grupos de oposición sobre el terreno, así como por actores externos.[14]

Imagen 1: Asesinatos masivos en campañas violentas y noviolentas

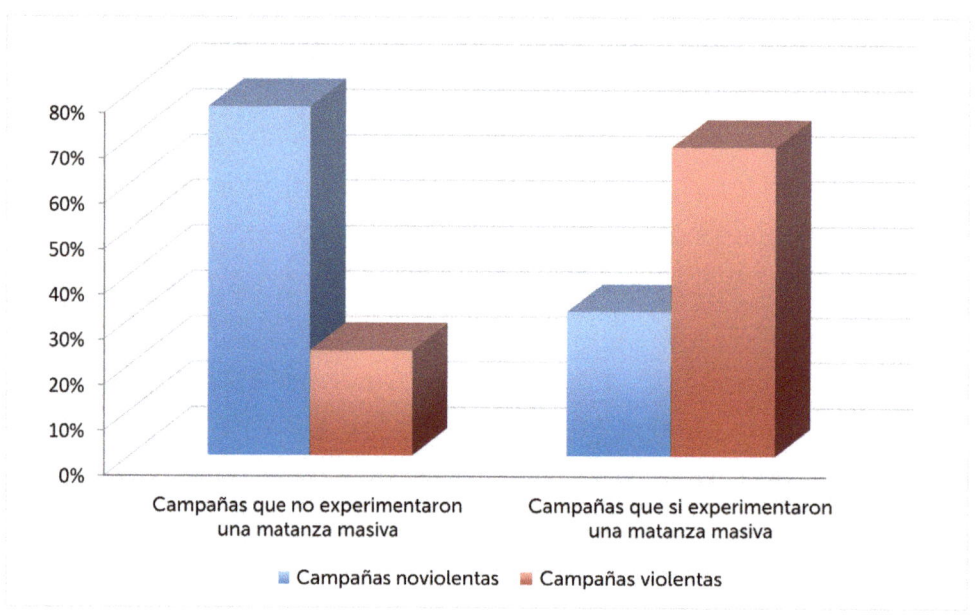

Fuente: Perkoski, Evan y Erica Chenoweth. (2018). *Nonviolent Resistance and Prevention of Mass Killings During Popular Uprisings*. Washington, DC: ICNC Press.

Más allá de reducir directamente el riesgo de asesinatos masivos, es mucho más probable que la resistencia civil conduzca a una transición política democrática en comparación a las campañas violentas o los procesos descendentes impulsados por las élites.[15] Como tal, la resistencia civil tiene un mayor potencial para reducir otros factores que incrementan el riesgo de atrocidades (por ejemplo, un gobierno no democrático y sus frecuentes correlatos: impunidad y falta de control civil sobre las fuerzas de seguridad, falta de estado de derecho, corrupción, desigualdad de recursos y marginación de ciertos grupos en la sociedad), al mismo tiempo que refuerzan factores (como la democracia, el buen gobierno, y una sociedad civil fuerte) que conducen a la resistencia.[16]

Esto es lo que los datos muestran sobre la eficacia y los impactos de las campañas violentas y noviolentas:

1. ***Las campañas de resistencia civil noviolentas tienen más del doble de probabilidades de lograr transiciones políticas que las insurgencias violentas***

   Un galardonado estudio realizado en 2011 por las académicas Erica Chenoweth y Maria Stephan evaluó la efectividad de 323 campañas violentas y noviolentas que buscaron los objetivos máximos (cambio de gobierno, expulsión de ocupantes extranjeros, o la autodeterminación) entre 1900 y 2006.[17] Desafiando la creencia común, sus datos mostraron que las campañas noviolentas lograron transiciones políticas el 53 por ciento de las veces frente a un 26 por ciento de las campañas violentas.[18]

Imagen 2: Índices históricos de éxito en campañas noviolentas y violentas: 1900-2006

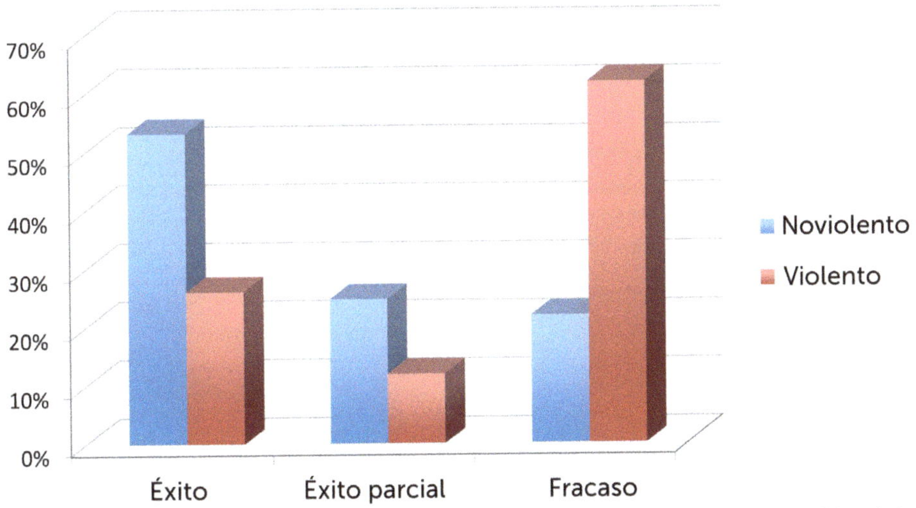

Fuente: Chenoweth, Erica, y Maria J. Stephan. (2011). *Why Civil Resistance Works: The Strategic Logic of Nonviolent Conflict*. New York: Columbia University Press.

2. *Las campañas exitosas de resistencia civil son mucho más propensas a producir logros democráticos duraderos que las insurgencias violentas o los procesos descendentes impulsados por las élites*

Chenoweth y Stephan ampliaron su estudio sobre los resultados de las campañas noviolentas y violentas cinco años después de haber terminado. Encontraron que las transiciones políticas llevadas a cabo por la resistencia civil condujeron a resultados democráticos el 57 por ciento de las veces, frente a un 6 por ciento de las transiciones llevadas a cabo mediante la insurgencia armada.[19]

Notablemente, también descubrieron que incluso las campañas de resistencia civil podían plantar las semillas para un desarrollo democrático futuro. Cuando las campañas de resistencia civil se disolvieron antes de lograr una transición política, estas mantuvieron un 35 por ciento de probabilidad de alcanzar un resultado democrático emergente en los siguientes cinco años.[20]

Imagen 3: Probabilidad de que un gobierno logre la democracia cinco años después de haber terminado la campaña: 1900-2006

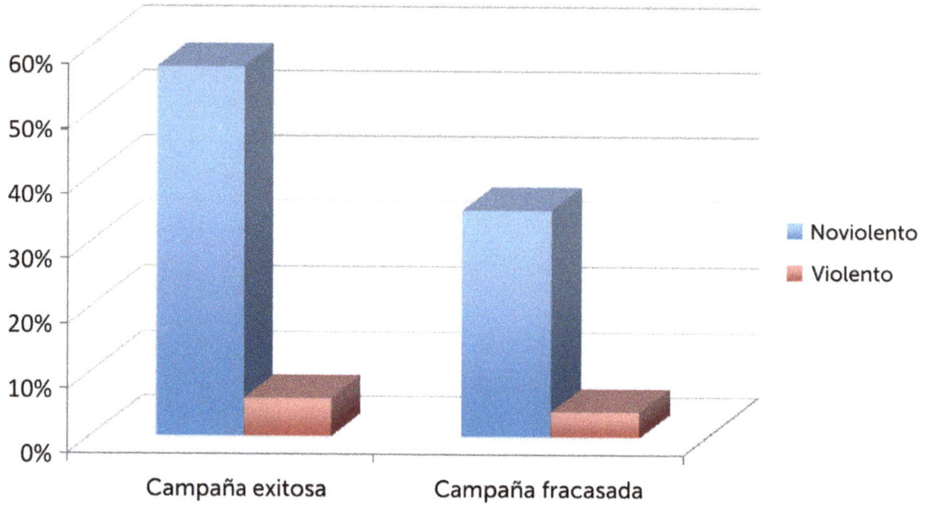

[Gráfico de barras comparando campañas Noviolentas y Violentas:
- Campaña exitosa: Noviolento ~60%, Violento ~5%
- Campaña fracasada: Noviolento ~35%, Violento ~5%]

Fuente: Chenoweth, Erica, y Maria J. Stephan. (2011). *Why Civil Resistance Works: The Strategic Logic of Nonviolent Conflict*. New York: Columbia University Press.

Los hallazgos de una fuerte relación entre la resistencia civil, la democratización y otros factores de estabilidad también aparecen constantemente en otros estudios.[21] Más recientemente, el académico Jonathan Pinckney comparó las transiciones impulsadas por la resistencia civil frente a aquellas impulsadas por la insurgencia violenta o por procesos políticos descendentes (como golpes de Estado o liberaciones impulsadas por las élites). Él encontró que el 74 por ciento de las transiciones impulsadas por la resistencia civil culminaron en democracias, frente a un 29 por ciento de transiciones que no fueron impulsadas por la resistencia civil.[22]

3. *Las campañas de resistencia civil pueden tener éxito incluso contra adversarios altamente poderosos y autoritarios*

Una respuesta frecuente a la discrepancia en las tasas de éxito y en los resultados de las campañas violentas y noviolentas es la afirmación de que las campañas violentas surgen en contextos más desafiantes y se enfrentan a regímenes más desafiantes. Sin embargo, los datos inequívocamente refutan esta afirmación. Al estudiar 323 campañas violentas y noviolentas, Chenoweth y Stephan evaluaron las condiciones bajo las cuales las campañas surgen y tienen éxito, y concluyeron que:

> La evidencia sugiere que la resistencia civil a menudo tiene éxito independientemente de las condiciones del contexto que muchas personas asocian con el fracaso de las campañas noviolentas.[23]
>
> ...la gran mayoría de las campañas noviolentas han surgido en regímenes autoritarios... donde incluso la oposición pacífica contra el gobierno puede tener consecuencias fatales.
>
> ...incluso cuando controlamos el tipo de régimen-objetivo, la resistencia noviolenta sigue siendo importante para mejorar las probabilidades de éxito... Por lo tanto, si el oponente es democrático o no democrático parece tener poca importancia en relación al éxito de las campañas noviolentas.[24]

Pinckney encuentra que:

> ...las transiciones de resistencia civil no ocurren sistemáticamente en entornos más... [democráticos] que otros tipos de transiciones...
>
> ... incluso en condiciones muy desfavorables, al iniciar una transición política a través de la resistencia noviolenta es mucho más probable que conduzca a la democracia que al iniciar una transición a través de la violencia, de una liberación descendente, o a través de una intervención externa.[25]

Chenoweth y Stephan también estudiaron el impacto del poder estatal sobre el surgimiento de la campaña y sus resultados, y concluyeron que:

> ... el poder del Estado en cuestión no determina si una campaña que surge es noviolenta o violenta. En particular, las campañas noviolentas surgen en algunos de los Estados más poderosos del mundo...
>
> Curiosamente, tampoco encontramos relación entre las capacidades [del estado] y la probabilidad de éxito [de la campaña]... La resistencia noviolenta sigue siendo efectiva independientemente de cuán poderoso sea el estado opositor...

Esta investigación revela el poder de la resistencia civil, la cual es capaz de confrontar y transformar incluso a los gobernantes más atrincherados y violentos a tasas de éxito mucho más altas que en los medios alternativos de transición.

> *Cuando la gente común bajo un gobierno no democrático decide levantarse, la elección por la resistencia civil debería incentivarse y apoyarse.*

No es papel de los agentes externos el tratar de crear campañas de resistencia civil, pero cuando la gente común bajo un gobierno no democrático decide levantarse, la elección por la resistencia civil debería incentivarse y apoyarse. La ayuda externa puede impulsar aún más a las personas a mantener su compromiso con las tácticas noviolentas; lo que minimizará el riesgo de atrocidades.

Al mismo tiempo, el proporcionar ayuda externa a estas campañas requiere de una mayor aclaración de una serie de cuestiones. Primero, ¿qué formas de ayuda son útiles? En segundo lugar, ¿cómo se pueden abordar algunas posibles inquietudes y preguntas sobre DA? aquí se incluye:

1. ¿Qué campañas deberían recibir asistencia?

2. ¿El apoyo a la resistencia civil es sinónimo de apoyo al cambio de régimen?

3. ¿Qué pasa si el apoyo externo tiene un impacto perjudicial en una campaña?

4. ¿Qué pasa si el apoyo externo contribuye a la inestabilidad social?

5. ¿Qué formas de apoyo externo a las campañas de resistencia civil están permitidas por el derecho internacional?

6. ¿Cómo se debe invocar el DA y quién debe ejercer la supervisión?

El resto de este documento abordará estas preguntas.

¿Qué formas de ayuda son útiles?

El apoyo externo a las campañas de resistencia civil bajo DA deben basarse en la comprensión de lo que hace que las campañas sean efectivas.

Podemos evaluar este tema de dos maneras: en primer lugar, observando el papel de las condiciones en el entorno de una campaña (comúnmente conocido como "condiciones estructurales"), y en segundo lugar, observando las habilidades y opciones de los participantes dentro de una campaña.

La sabiduría convencional es que las condiciones estructurales determinan el surgimiento y desenlace de la campaña. Sin embargo, las investigaciones apuntan a una conclusión diferente: que las opciones y las habilidades de los participantes de la resistencia civil pueden tener un impacto considerable en el desarrollo y trayectoria de la campaña. La investigación cuantitativa y cualitativa nos dice que las campañas noviolentas han surgido y han triunfado frente a los regímenes poderosos y no democráticos que están dispuestos a utilizar la represión.[26] También han surgido y tenido éxito en distintas sociedades y países con varios niveles de desarrollo económico.[27] Aunque no se han probado todas las condiciones en el entorno de una campaña, podemos deducir de los hallazgos disponibles que, al igual que las habilidades y la estrategia importan en otros tipos de competencias (por ejemplo, electorales, empresariales o militares), también son importantes en la resistencia civil. La capacidad de los participantes de la resistencia civil para unificar, planificar, movilizar, priorizar objetivos, secuenciar tácticas, desarrollar comunicaciones efectivas, mantener la disciplina noviolenta, y tomar otras decisiones estratégicas puede ser crítica para superar condiciones adversas y generar los resultados de la campaña.

El entender la resistencia civil como una competencia, en la que cualquiera de las partes en conflicto puede prevalecer si permanece unida, organizada y estratégica en sus acciones, puede ayudar a orientar el apoyo externo. Se necesita más investigación sobre este tema, y actualmente se encuentra en progreso, pero el historial de casos existente ofrece una lista de distintas categorías de asistencia que pueden tener impacto.[28] Estas incluyen:

1. Educación pública sobre resistencia civil

Cuando la población se levanta contra un régimen autoritario, las personas en esa población se enfrentan a la elección de utilizar las tácticas violentas o noviolentas. Sabemos que cuando las personas se sienten fundamentalmente amenazada, estas tienden a involucrarse en la forma de resistencia que les parece más poderosa. Con frecuencia, la insurrección violenta es percibida como su única opción viable. Las críticas por la elección de la violencia y los llamados a la paz no cambiarán esto a menos que se ofrezca un medio alternativo viable de lucha.[29]

La educación pública puede difundir el conocimiento de que la resistencia civil es una opción que tiene una tasa de éxito mucho más alta y con mejores resultados a largo plazo que con la violencia. Además, la resistencia civil tiene un atractivo mucho más amplio, los movimientos noviolentos pueden captar un mayor apoyo y participación demográfica (hombres, mujeres, padres, ancianos, niños y otros) que la violencia, la cual a menudo apenas se comercializa a hombres y, a veces, a mujeres en edad de luchar. En consecuencia, Chenoweth encuentra que "la campaña noviolenta promedio es aproximadamente 11 veces mayor (en proporción de la población) que la campaña violenta promedio."[30] También es más fácil entrar a una campaña de resistencia civil que a una insurgencia violenta. Por ejemplo, la gente puede participar en un boicot, en una protesta o en otros actos de no cooperación sutil o abierta y luego regresar a sus vidas cotidianas, mientras que los insurgentes violentos a menudo tienen que hacer cambios enormes, y a veces irreversibles, en sus vidas en función de la forma de lucha elegida.

Estos puntos se pueden comunicar a través de campañas de información pública e instituciones como escuelas, universidades, asociaciones vecinales, sindicatos, organizaciones religiosas y clubes juveniles. También se pueden personalizar para aprovechar la terminología, historia y valores de una sociedad particular; y se expresan a través de diversos medios, como la literatura, videos, películas, programas de televisión, anuncios, música, espectáculos públicos, arte visual, prácticas culturales, eventos populares y declaraciones realizadas por líderes respetados. La educación pública se puede apoyar aún más a través de la investigación sobre las mejores prácticas y los estudios de caso de resistencia civil, desarrollando y compartiendo recursos educativos generales; y traduciendo estos recursos a idiomas hablados alrededor del mundo.

En dichos esfuerzos, una amplia variedad de actores externos podrían desempeñar papeles importantes. Las actividades de educación pública evitan el problema político de apoyar un movimiento en particular o una meta política y, en cambio, tienen el propósito general de hacer que el conocimiento esté disponible, sea atractivo y accesible para todos.

2. Desarrollo de capacidades para las campañas de resistencia civil

Una segunda forma de apoyo involucra el desarrollo de capacidades con el objetivo directo de ayudar a unificar las campañas, realizar estrategias y aplicar el conocimiento de la resistencia civil en el contexto local para lograr objetivos particulares. Por ejemplo, al apoyar talleres de planeación estratégica y el desarrollo de recursos educativos específicos para el movimiento puede proporcionar oportunidades para que los activistas profundicen sus habilidades y conocimientos, y a que coordinen y planifiquen en conjunto.[31]

Los actores externos también pueden ofrecer un espacio de reunión seguro y neutral (dentro o fuera del país), apoyar encuentros de distintos líderes y disidentes de un país en particular, y ayudar a expandir las redes de compañeros entre activistas incipientes y más veteranos.[32] Estos esfuerzos pueden fortalecer el tejido social, establecer relaciones de mentoría, impulsar el crecimiento de las coaliciones, y crear redes de confianza que son fundamentales para sostener la unidad durante la acción colectiva (especialmente después de años de intentos del gobierno por dividir y gobernar).

En algunos casos, los actores externos que son cercanos a las bases también pueden proporcionar pequeños montos de financiamiento para apoyar la infraestructura del movimiento. Esto puede incluir el apoyo a organizaciones locales y al desarrollo de las capacidades para posibilitar que el movimiento construya su base de recursos, para reclutar y entrenar a nuevos participantes, para desarrollar nuevas estrategias, y para coordinar esfuerzos entre los diferentes lugares.

El énfasis en cualquier tipo de ayuda debe enfocarse en responder a las demandas y necesidades locales de proporcionar información, análisis y recursos necesarios para que los participantes de la resistencia civil puedan utilizarlos. Al mismo tiempo, los actores externos deben reconocer su falta de entendimiento total del contexto local, y por lo tanto nunca involucrarse en asesoramientos específicos o en inclinar la balanza en favor de tácticas particulares.[33] Los actores externos pueden proporcionar conocimiento, redes y oportunidades, pero depende de los activistas locales la decisión de cómo usarlas. La única excepción a esto es que los actores externos no deben dudar en dejar claro que, con base en una importante cantidad de evidencia, el llevar a cabo tácticas violentas forma parte de una receta para el desastre.[34]

Además, los actores externos deben ser precavidos si quieren ofrecer algún tipo de financiamiento, debido a que esto puede conducir a disputas y rivalidades dentro del movimiento, a desviar el talento lejos de las bases, a distorsionar la participación y programas locales, y a ser señalados por los adversarios en declaraciones que deslegitimen el movimiento y justifiquen la represión.[35] Sin embargo, hay algunas maneras de reducir estos riesgos, por ejemplo, ofrecer contribuciones en especie, financiar en pequeñas cuotas, crear prácticas de subvención más amigables para los activistas, permitir que los intermediarios con gran conocimiento del contexto local orienten la financiación, y evitar el involucramiento de los estados extranjeros.[36]

3. Mitigar el impacto de la represión y la interrupción

Cuando un movimiento desafía a un gobierno, es inevitable la interrupción de las actividades normales de un levantamiento noviolento, así como la represión del mismo.

La interrupción puede tomar la forma de salarios perdidos (como durante una huelga) o la escasez de bienes, por ejemplo. En estos casos, los actores externos pueden proporcionar servicios de remediación, incluidos fondos de huelga para los disidentes que pierden la capacidad de mantener a sus familias (los sindicatos en Europa y Estados Unidos proporcionaron dichos fondos para los trabajadores polacos en la década de 1980). También pueden proporcionar servicios médicos a través de instalaciones dentro del país o en refugios fuera del país.

La represión puede variar en su severidad (desde sanciones administrativas hasta la violencia) e incrementarse (desde unos pocos disidentes hasta multitudes enteras durante las acciones públicas). Para mitigar sus impactos, los medios de comunicación y las ONG pueden aumentar la visibilidad de los activistas perseguidos, se puede proporcionar apoyo legal; mientras que los diplomáticos y otro personal de alto perfil pueden mostrar su solidaridad al asistir a los juicios de los disidentes.[37] Todos estos esfuerzos pueden inducir u obligar a un gobierno a tener un proceso judicial más justo y transparente, al tiempo que también podrían aligerar cualquier sentencia.

Además, cuando los activistas están bajo amenaza, los fondos de acción urgente y de respuesta a emergencias pueden proporcionarles los medios para dejar el país con sus familias, atender su salud física o mental, y considerar opciones en un espacio seguro fuera del país. En casos extremos se puede ofrecer reubicación completa y apoyo en las solicitudes de asilo.

4. Aumentar el costo de la represión

La represión siempre es costosa para los gobiernos, pero los gobernantes pueden calcular que las ventajas pueden superar a las desventajas. Afortunadamente, hay muchas maneras para que los actores internacionales incrementen el costo de la represión para que los gobernantes y sus agentes lo piensen dos veces antes de reprimir; y se vean obligados a soportar mayores pérdidas en caso de hacerlo.

Por ejemplo, la comunidad internacional de derechos humanos hace un trabajo importante y crucial al documentar los abusos; nombrar y marcar a los perpetradores; y al buscar su responsabilidad legal. En el futuro, cuando un gobierno utilice la represión violenta en contra de los participantes de la resistencia civil que buscan derechos, ¿qué pasaría si las investigaciones internacionales se iniciaran automáticamente con la intención de imponer rápidamente sanciones selectivas (incluyendo la negación de visas y el congelamiento de sus activos) a perpetradores específicos?[38] Esas investigaciones también podrían sentar las bases para enjuiciamientos futuros.

Además, las ONGs, los medios de comunicación y los gobiernos pueden mejorar el perfil de las campañas de resistencia civil y de sus líderes para que el régimen sufra una mayor reacción pública internacional si son perseguidos. Los gobiernos simpatizantes pueden realizar declaraciones públicas que alerten sobre la represión y condenarla cuando ocurra. Los países que tienen importantes puntos de contacto formales e informales con servicios de seguridad extranjeros también pueden tratar de establecer comunicaciones secundarias entre sus funcionarios y sus contrapartes en el extranjero, señalándoles los costos y riesgos de obedecer las órdenes de un autócrata que tome medidas enérgicas contra un desafío popular noviolento.[39]

> *Los diplomáticos pueden desempeñar papeles importantes al aumentar los costos de la represión, por ejemplo, al presentarse en acciones de campañas públicas como testigos.*

Los diplomáticos también pueden desempeñar papeles importantes, como por ejemplo, presentándose como testigos en acciones públicas de la campaña y participar en acciones coordinadas con representantes de otros Estados.[40] Los actores no gubernamentales en el terreno también pueden tener un poderoso efecto disuasivo. Por ejemplo, la protección civil desarmada-en la que civiles (extranjeros y/o locales) entrenan y se despliegan en áreas sensibles, se comunican proactivamente con las partes en conflicto, son testigos visibles, y en ocasiones, negocian y reducen las tensiones-pueden evitar la represión.[41]

Yendo un poco más allá, los gobiernos que simpatizan con los participantes de la resistencia civil pueden amenazar o implementar una variedad de sanciones. Estos pueden detener los envíos de armas y cualquier tipo de ejercicio militar conjunto o colaboración. También pueden presionar a sus aliados para que hagan lo mismo. Bajo ciertas condiciones, pueden tanto considerar desconocer a los regímenes que realizan una represión generalizada, como considerar reconocer a la oposición noviolenta como un representante más legítimo de la población de un país.[42]

Todas las acciones anteriores tienen un mayor impacto cuando una campaña de resistencia civil simultáneamente está librando un conflicto en el terreno. En la medida en que estas acciones reducen la capacidad o la disposición de un régimen para reprimir, menor o mayor será el espacio que estas puedan proporcionar para que la campaña noviolenta haga su trabajo. Además, tales acciones pueden cambiar los incentivos para los miembros del régimen y sus aliados. Cuando el apoyo a un régimen se vuelve menos rentable, y cuando el régimen mismo parece insostenible, una nueva evaluación de los intereses propios puede hacer que aquellos que habían sido partidarios deserten.

5. Fomentar una transición política estable

Esta categoría de apoyo no aplica para todas las campañas de resistencia civil, ya que muchas buscan conquistar derechos o cambios de tipo reformista, en lugar de transiciones políticas totales. Sin embargo, para las campañas que buscan transiciones políticas, los actores externos pueden realizar acciones para fomentar y estabilizar ese proceso.

Por ejemplo, los actores externos se pueden reunir con representantes de grupos de la oposición, alentarlos a unificarse bajo una visión y plan común, y así ayudar a facilitar este proceso a través del diálogo y la negociación. Tales esfuerzos pueden llegar a ser muy importantes; porque una oposición unida es más poderosa, tendrá una mayor afirmación de legitimidad popular, y es más probable que conduzca a una consolidación democrática después de una transición. Los actores externos pueden incentivar aún más este proceso prometiendo futura asistencia económica y de otro tipo (es decir, desarrollo institucional) con la condición que tenga lugar una transición.

Los actores externos también pueden desempeñar un papel importante en la apertura de canales extraoficiales entre los líderes de la resistencia civil y los miembros del régimen con el fin de negociar los términos de la transición. Los estados extranjeros también pueden utilizar sus puntos de contacto con los servicios de seguridad del régimen para asegurarles que la transición política es un resultado valioso, y que hay muchos beneficios para el servicio bajo gobiernos democráticos.[43] Estos también pueden reducir los costos de deserción para las élites del régimen, por ejemplo, ofreciendo protección a los informantes que denuncien y dejen el régimen.

Por último, los actores externos pueden ayudar a estabilizar económica y políticamente a una nación en la fase posterior a una transición, cumpliendo las promesas de asistencia económica y apoyo técnico, y posiblemente desplegando monitores de derechos humanos para garantizar que no se produzcan represalias violentas contra las élites anteriores.

También es importante que los actores externos reconozcan que la resistencia civil en la fase posterior a una transición a veces puede ser necesaria para varios puntos, como que las nuevas élites establezcan una cultura de responsabilidad y transparencia; se aborden los antiguos problemas de corrupción sistémica; y se garantice que los nuevos acuerdos políticos reflejen las aspiraciones del movimiento que impulsó la transición.[44] En consecuencia, los actores externos deberían estar listos para desempeñar un papel de vigilancia hacia el nuevo gobierno cuando, en un futuro, este llegue a enfrentar a su propia ciudadanía noviolenta movilizada.

Aplicación del esquema: reevaluando la resistencia y las posibilidades en Siria
Considerando este esquema de cinco categorías de apoyo externo, a continuación se muestra un ejemplo de cómo si dicho apoyo hubiera sido coordinado y sostenido, podría haber tenido un impacto fuerte en un caso real.

En marzo de 2011, los sirios comenzaron a realizar manifestaciones masivas, creyendo que protestas similares a aquellas en la Plaza Tahrir de Egipto lograrían derribar al presidente Assad. Los ciudadanos movilizados mostraron un ingenio, resolución y valentía asombrosos, pero tuvieron poca preparación. A través de la resistencia civil, los sirios lograron grandes avances contra el régimen de Assad en los meses siguientes, sacudiendo al gobierno más que en cualquier otro momento en las últimas cuatro décadas, e induciendo numerosas deserciones. La creciente campaña avanzó a pesar de la represión, pero cuando Assad no dejó el poder en los meses subsiguientes, algunos perdieron la confianza en la eficacia de las tácticas noviolentas. El Ejército Libre Sirio se formó con el objetivo inicial declarado de proteger a la resistencia noviolenta, pero la defensa pronto se convirtió en ofensiva y el

> *Así como consideramos las preocupaciones por la implementación de DA... también debemos considerar los costos y riesgos de mantener el status quo.*

cambio a la insurgencia violenta (con cierta creencia de que la comunidad internacional lo apoyaría y posiblemente invocaría el RP como lo había hecho en Libia) tuvo consecuencias desastrosas que continúan desarrollándose hasta hoy.[45]

Hay que considerar lo que podría haber sucedido si las partes externas hubieran apoyado los esfuerzos en educación pública sobre la eficacia de la resistencia civil noviolenta en los años previos al levantamiento de 2011. El régimen se habría objetado, pero hay poca base en el derecho internacional para apoyar esta objeción (un tema que discutiremos más adelante), y tales esfuerzos habrían sido imposibles de borrar.

¿Qué hubiera pasado si en los años previos a 2011, los actores externos (incluyendo a los sirios en el extranjero) también hubieran apoyado un intercambio de conocimientos más específico sobre la resistencia civil con los disidentes en el terreno que se comunicaron y expresaron interés? Tal vez se hubiera podido apoyar también de manera continua un proceso de unificación y planeación de la transición entre la oposición.

¿Qué hubiera pasado si la gente se hubiera preparado para una lucha noviolenta de varios años y sin esperar que Assad se rindiera a los pocos meses? La investigación encuentra que la campaña noviolenta contra un régimen dura tres años, que es aún mucho más corta que la duración promedio de nueve años de una insurgencia armada.[46]

¿Qué hubiera pasado si en el momento de la primera protesta pública de marzo de 2011, esta hubiera recibido el inmediato y coordinado apoyo internacional, y a la insurgencia violenta no se le hubiera incentivado como la forma principal para asegurar el involucramiento internacional?[47]

¿Qué hubiera pasado si frente a la represión de Assad en contra de las acciones públicas de noviolencia, la contraviolencia se hubiera reavivado brevemente pero hubiera sido rechazada abrumadoramente por la población y condenada por la comunidad internacional? Los sirios podrían haber cambiado masivamente a tácticas sostenidas de bajo riesgo como, por ejemplo, boicots de largo plazo y disminución del ritmo del trabajo en las empresas con conexiones con el régimen, para que aquellos que se beneficiaron con el régimen de Assad continuaran perdiendo dinero.

¿Qué hubiera pasado si los disidentes hubieran sido exitosos en unificar y articular un proceso de transición que después hubiera sido comunicado de forma creíble a los agentes del gobierno que estaban considerando desertar? ¿Qué hubiera pasado si la oposición hubiera podido desarrollar un cuerpo de dirigentes ampliamente representativo? y ¿Qué hubiera pasado si los miembros de la comunidad internacional hubieran empezado a dejar de reconocer al gobierno de Assad y a reconocer cada vez más al grupo de la oposición como el legítimo representante del pueblo sirio?[48] ¿Qué hubiera pasado si la comunidad internacional hubiera prometido asistencia económica y de otro tipo para un gobierno sirio post transición?

Mientras muchas de estas acciones fueron llevadas a cabo aisladamente o a pequeña escala, nunca sabremos cómo hubiera impactado en el resultado un esfuerzo más proactivo, coordinado, sostenido y adecuado. Tal esfuerzo hubiera implicado costos, riesgos, y desafíos técnicos, pero en retrospectiva representa un camino mucho más prometedor que el camino tomado. Por lo tanto, al considerar las preocupaciones sobre la implementación de DA en la próxima sección, también deberíamos considerar los costos y riesgos de mantener el status quo, en el que los gobiernos autoritarios, a menudo respaldados por aliados poderosos, fomentan las catástrofes humanitarias y se enfrentan a desafíos populares noviolentos con represión y relativa impunidad.

Abordando las preocupaciones sobre el Derecho de Ayudar

Cuando las vidas penden de un hilo, cualquier modelo de intervención debe estar sujeto a escrutinio. Esta sección identifica algunas preocupaciones potenciales con el DA, y apreciamos más investigaciones y comentarios en cualquiera de estas áreas. Si bien está más allá del alcance de este trabajo el evaluar exhaustivamente cada preocupación, buscamos abordar algunas de las principales. Estas incluyen:

1. ¿Qué campañas deberían recibir asistencia?

2. ¿El apoyo a la resistencia civil es sinónimo de apoyar el cambio de régimen?

3. ¿Qué pasa si el apoyo externo tiene un impacto perjudicial en una campaña?

4. ¿Qué pasa si el apoyo externo contribuye a la inestabilidad social?

5. ¿Qué formas de apoyo externo a las campañas de resistencia civil están permitidas por el derecho internacional?

6. ¿Cómo se debe solicitar el DA y quién debe ejercer la supervisión?

Preocupación 1. ¿Qué campañas deberían recibir asistencia?

Abogamos por al menos tres criterios de referencia para que las campañas reciban asistencia bajo DA. Diferentes contextos demandarán atención a diferentes factores, y esperamos una investigación adicional, práctica y enfoques basados en el contexto para refinar o expandir esta lista en el futuro.

Los tres criterios de referencia son:

a. Una campaña está comprometida con la disciplina noviolenta

La disciplina noviolenta implica el uso de tácticas que se abstienen de la violencia física, las amenazas de violencia física o la destrucción de propiedades que tienen el potencial de dañar físicamente a las personas. Mantener la disciplina noviolenta es una necesidad estratégica, incluso si una campaña de resistencia civil está sujeta a provocaciones y se usa la violencia en su contra.

Un desafío de este criterio es que puede ser imposible para una campaña garantizar que todas las personas que participan en una acción pública permanezcan noviolentas. Las campañas a menudo carecen de una estructura directa de mando y control, por lo que no se puede controlar completamente quién puede aparecer y arruinarlo todo. Los regímenes también suelen enviar provocadores encubiertos para fomentar la violencia como una forma de deslegitimar las campañas y proporcionar un pretexto para que el régimen reprima.

Por lo tanto, es de vital importancia contar con refinamientos adicionales al criterio de la disciplina noviolenta, según el contexto. Nosotros argumentamos que, como mínimo, una campaña debe estar oficial y públicamente comprometida con las tácticas noviolentas, exigir la disciplina noviolenta de todos los partidarios, tomar medidas (como capacitar a los participantes) para promover la disciplina noviolenta, denunciar los actos violentos que tengan lugar durante las acciones públicas, y poder mantener una disciplina noviolenta de líderes claramente identificados en todas las acciones públicas.

b. Los objetivos de una campaña son consistentes con los derechos humanos internacionalmente reconocidos

Las campañas de resistencia civil tienen una amplia variedad de objetivos posibles que se pueden buscar a nivel local, regional, nacional o internacional. La mayoría busca cambios de política y práctica relacionados con los derechos humanos (derechos de las minorías, derechos indígenas, derechos de las mujeres, derechos laborales); protección civil y seguridad (ya sea por degradación ambiental, grupos criminales, agentes del estado o conflictos armados); equidad económica; normas sociales y culturales; buen gobierno (luchas anticorrupción y reconocimiento de los derechos de propiedad); o un gobierno democrático.

Sin embargo, no todas las campañas tienen tales objetivos. Algunas campañas pueden tratar de usar tácticas de resistencia civil para marginar o dañar a las poblaciones (por ejemplo, boicoteando a las empresas propiedad de minorías). Otros pueden usar la resistencia civil en apoyo de los partidos políticos cuyos objetivos son contrarios a la democracia y a los derechos humanos.

Para protegerse contra esto, como referencia, cualquier campaña que reciba apoyo de DA debe tener prácticas que sean claramente consistentes con el objetivo y que avancen en los derechos esbozados en la Declaración Universal de Derechos Humanos.[49]

c. La campaña de resistencia civil es independiente de un partido político registrado

Las campañas de resistencia civil a menudo organizan acciones durante las campañas electorales. Sin embargo, no es el papel de la comunidad internacional el elegir a los ganadores electorales, y por lo tanto, el apoyo externo bajo el DA no debe ser otorgado a los partidos políticos. La comunidad internacional tiene interés en apoyar un proceso democrático libre y justo, la neutralidad de la administración electoral y el monitoreo electoral independiente por parte de la sociedad civil. Por lo tanto, la desvinculación electoral total no es un requisito previo para que una campaña reciba apoyo, pero sí su independencia de los partidos políticos.

Preocupación 2. ¿El apoyo a la resistencia civil es sinónimo de apoyar un cambio de régimen?

Una política de cambio de régimen implica que un actor externo (generalmente un estado extranjero) tome medidas deliberadas con el objetivo de cambiar un gobierno en ejercicio. Tal objetivo por lo general se busca a través de una guerra interestatal; del entrenamiento, armado y apoyo a insurgentes violentos; del apoyo a un golpe de Estado; de la manipulación de entorno de información; y/o a través de la financiación de grupos de la oposición y partidos políticos en una variedad de actividades.

El Derecho de Ayudar se basa en diferentes premisas. En las campañas de resistencia civil, las decisiones sobre qué objetivos perseguir y qué acciones realizar son tomadas por los participantes de la campaña en el terreno, en lugar de los simpatizantes extranjeros.

Además, tales campañas tienen una amplia variedad de objetivos posibles (muchas son reformistas o están enfocadas en la defensa de derechos) más allá de las transiciones políticas.[50]

Dicho esto, es evidente que algunas campañas buscan cambiar gobiernos nacionales irresponsables. A veces estas campañas comienzan intentando alcanzar objetivos reformistas o se enfocan en la defensa de derechos, pero cuando sus esfuerzos se ven frustrados por la represión, corrupción e incompetencia sistemática del gobierno, estas campañas comienzan a buscar un cambio de gobierno total. En tales circunstancias, la elección la realiza la campaña misma, no un actor extranjero. La elección también se funda por las acciones del gobierno local; las reformas y los compromisos pueden haberlo llevado a su preservación pero, en cambio, su obstinación condujo a la transformación de las demandas populares.

A pesar de esta dinámica, existen preocupaciones legítimas de que los simpatizantes extranjeros pueden tratar de fomentar campañas de resistencia civil dentro de un país, o manipular los fines de la campaña para lograr el objetivo en la política exterior del cambio de régimen. Nunca aprobaríamos el uso de DA como un medio para tales esfuerzos, y también señalamos que tales esfuerzos enfrentarían desafíos considerables. Las campañas de resistencia civil están compuestas por miles o millones de personas que toman la decisión personal de actuar y movilizarse (a veces con un sacrificio significativo de su tiempo, energía, recursos materiales y seguridad personal). La legitimidad popular de los objetivos, las acciones y las comunicaciones son fundamentales para que esto suceda: una campaña debe representar los reclamos y aspiraciones de las personas o, de lo contrario, las personas dejarán de apoyarla. Si a petición de los extranjeros una campaña adopta una agenda que no resuena localmente, la participación pública disminuirá rápidamente.[51] De hecho, el apoyo exterior que trate de manipular una campaña noviolenta puede provocar que la campaña fracase en su totalidad, en lugar de alcanzar los objetivos externos (a menos que esos objetivos sean, de hecho, el fracaso).[52]

Preocupación 3. ¿Qué pasa si el apoyo externo tiene un impacto perjudicial en una campaña?

Puede ser un desafío para los actores externos bien intencionados discernir qué apoyo exacto proporcionar a una campaña, así como dónde, cuándo, cómo y a qué grupos particulares proporcionarlo. Las campañas generalmente están menos estructuradas que las ONG tradicionales, pueden tener líneas poco claras de liderazgo y responsabilidad, y dependen de la movilización popular voluntaria para tener éxito. Siempre existe el riesgo de que el apoyo externo pueda dañar una campaña, por ejemplo, al reducir su legitimidad, aumentar el riesgo de represión o causar divisiones internas entre los grupos que la conforman.

Este tema merece un tratamiento más profundo, pero para resumir, aquí hay algunos principios que los actores externos deben considerar:

1. Escuchar las necesidades de las comunidades movilizadas

Los actores externos deben comenzar tratando de comprender el contexto en el que pueden involucrarse. Debido a que la resistencia civil es un fenómeno de abajo hacia arriba, esto significa que los actores externos deben hacer esfuerzos para identificar y escuchar a los diversos y múltiples grupos de base que están directamente involucrados en la movilización. En lugar de imponerse, cualquier ayuda debe adaptarse a las necesidades expresadas de las personas en el terreno.

2. Apoyar el sentido de apropiación de la causa y empoderar a los locales

Los actores locales son quienes lideran las campañas noviolentas; tienen el conocimiento más profundo sobre su situación, corren los mayores riesgos, y han apostado más en el resultado. Por lo tanto, el apoyo externo deberá ser visto como una extensión de los esfuerzos locales, en lugar de su sustituto. Los actores externos necesitan ser flexibles y posiblemente deberán renunciar a cierta cantidad de control, permitiendo que sus socios y beneficiarios locales utilicen el apoyo externo de la manera que consideren más necesaria.

3. No brindar consejos estratégicos o tácticos, excepto para promover la disciplina noviolenta

Las personas externas pueden compartir estudios de casos, hallazgos de investigaciones y herramientas de planificación, así como entablar un diálogo socrático con activistas sobre la priorización de diversas tácticas. Sin embargo, debido a que los externos carecen de suficiente conocimiento local, no deberían dar consejos ni abogar por cursos de acción particulares. Una única excepción a esto es que los actores externos deben sentirse cómodos aconsejando contra el uso de la violencia. Está comprobado empíricamente que la violencia es una elección desastrosa para las poblaciones, y que la supremacía de las tácticas noviolentas se ha establecido mediante un creciente cuerpo de investigación y práctica.

4. Coordinar el apoyo con otros actores externos cuando sea necesario

La integración de esfuerzos con otros actores externos a menudo será necesario para maximizar el impacto. Existen muchas formas distintas de proporcionar apoyo, una variedad de proveedores y destinatarios de dicho apoyo, y numerosas otras consideraciones, como el tiempo y el contexto local. Las campañas tienen diversas necesidades, y los diferentes actores externos pueden llegar a ser más adecuados que otros para apoyar las necesidades cambiantes de una campaña según lo dicte el tiempo o las circunstancias.

5. No hacer daño, por acción u omisión

Al consultar con grupos locales de confianza, hay que considerar los riesgos de daño tanto para la acción como para la omisión. En algunos casos en los que actores externos están recibiendo mensajes contradictorios o aportes insuficientes desde la base, podría ser prudente abstenerse de realizar acciones enérgicas, y en lugar de ello reunir más información (por ejemplo, sobre el grado en que determinado tipo de ayuda externa puede afectar a otros actores locales), o esperar a que la situación madure.

En otros casos, si los distintos grupos de confianza que activamente están practicando la resistencia civil piden su apoyo, los actores externos deberán considerar responder favorablemente, incluso si la petición es inesperada o con poca anticipación. Los actores locales pueden determinar qué nivel de riesgo están dispuestos a tolerar, y si buscan ayuda; a veces el no tomar medidas enérgicas puede provocar daños.

Preocupación 4. ¿Qué pasa si el apoyo externo contribuye a la inestabilidad social?
Algunos pueden argumentar que la resistencia civil no debe apoyarse porque puede

incrementar la inestabilidad social y, por lo tanto, el riesgo de una guerra civil y de atrocidades masivas. Por ejemplo, en 2011 dos países (Siria y Yemen) experimentaron campañas noviolentas y posteriormente sucumbieron a conflictos violentos. En Siria, la oposición noviolenta fue superada por un flanco violento que rápidamente se convirtió en una insurgencia, mientras que en Yemen la resistencia civil condujo a un ambiente en el que los grupos de la oposición comenzaron a impulsar sus reclamos con violencia. Estos casos apuntan a un hecho inquietante: a pesar de la promesa de que la resistencia civil puede conducir a una transición democrática, también hay un subconjunto de casos que puede resaltar un riesgo importante.

La investigación lo confirma. Chenoweth y Stephan descubren que después de 10 años de una campaña nacional de resistencia civil (ya sea exitosa o fallida) hay un 28 por ciento de posibilidades del inicio de una guerra civil. En contraste, dentro de los 10 años posteriores a una campaña violenta (ya sea exitosa o fallida) hay un 42 por ciento de que se inicie una guerra civil.[53] Si bien la probabilidad de una guerra civil después de una campaña violenta es significativamente mayor, el 28 por ciento de probabilidad luego de una campaña noviolenta pide prestarle más atención.

Necesitamos más investigación para determinar por qué hay resultados tan divergentes: por un lado, en la mayoría de los casos hay una fuerte propensión a que la resistencia civil conduzca a resultados democráticos; mientras que por otro, aproximadamente una cuarta parte de los casos experimentan una guerra civil en algún momento de la década siguiente. No obstante, también se deben considerar varios puntos:

a. La probabilidad de referencia de una guerra civil bajo cualquier gobierno no democrático (incluso uno que no sea desafiado por un movimiento de resistencia civil) durante un período de 10 años es mayor que cero.

b. Chenoweth y Stephan descubrieron que cuando una campaña noviolenta o violenta coexiste con otros grupos armados, la probabilidad de una guerra civil posterior al conflicto en la próxima década aumentó del 27% al 49%.[54] Este es un argumento para que el apoyo externo a una campaña noviolenta trate de detener el desarrollo de grupos armados disidentes o competidores.[55]

c. Las transiciones políticas ocurren en todos los países en algún punto, incluyendo en los estados no democráticos, lo que incrementa de manera genérica el riesgo de guerra y atrocidades. Lo que parece ser una relativa "paz" en la superficie de los regímenes no democráticos, oscurece la supresión de la demanda acumulada de cambio, el cual, finalmente, se desencadena.

Por consiguiente, el riesgo de que la inestabilidad se convierta en guerra civil o atrocidades es inherente al modelo autoritario de gobierno. La pregunta entonces es cómo el incentivar a la resistencia civil podría compararse con opciones alternativas. En un momento dado, la omisión de los actores externos parece tener el menor riesgo, pero la falta de apoyo a la resistencia civil puede generar una mayor volatilidad en el futuro. Sin el beneficio de los esfuerzos en la educación pública y el apoyo al desarrollo de capacidades, las personas pueden pensar que la violencia es la única opción realista disponible, o que una campaña noviolenta puede derivar en una insurgencia violenta.

Por lo tanto, si bien el apoyo externo puede (o no) acelerar el surgimiento de una campaña y una posible inestabilidad, lo que se gana a causa de la eficacia de dicho apoyo externo, que encima mitiga el riesgo de un conflicto violento, puede hacer mucho más que compensar los riesgos de la desventaja. Las expertas en política María J. Stephan, Sadal Lakhani y Nadia Naviwala escriben:

> Debido a que los actores externos probablemente no podrán evitar que las personas participen en protestas u otras acciones directas, especialmente si sufren graves injusticias, estos pueden invertir en ayudar a las sociedades civiles a desarrollar la capacidad de organizarse noviolentamente y a mantener la disciplina noviolenta, con el fin de minimizar el riesgo de la inestabilidad violenta.[56]

Preocupación 5. ¿Qué formas de apoyo externo a las campañas de resistencia civil están permitidas por el derecho internacional?

Abordar esta cuestión implica primero determinar si la resistencia civil noviolenta está protegida por el derecho internacional. Para muchas tácticas noviolentas, la respuesta es sí. Las manifestaciones masivas, los boicots y muchas otras acciones noviolentas representan el ejercicio de los derechos humanos consagrados en varios tratados, los cuales incluyen:

- El Pacto Internacional de Derechos Civiles y Políticos (PIDCP)
- Carta Africana de Derechos Humanos y de los Pueblos
- Convención Europea de Derechos Humanos (CEDH)
- Convención Americana sobre Derechos Humanos
- Convención Internacional sobre la Eliminación de todas las Formas de Discriminación Racial

Más específicamente, la académica jurídica Elizabeth A. Wilson estudia la cuestión de si las distintas formas de protesta están protegidas por las leyes internacionales de derechos humanos, y concluye que, "[los actores noviolentos] están protegidos por... el derecho a la autodeterminación, el derecho a la reunión pacífica y diversos derechos de participación política."[57]

Una pregunta aún más desafiante es si existe el derecho de ayudar a la gente en el ejercicio de luchar por sus derechos humanos a través de la resistencia civil. Sobre este tema, numerosos tratados internacionales y regionales relevantes, resoluciones de la Asamblea General de la ONU, y declaraciones y prácticas de otras instituciones internacionales (como el Consejo de Derechos Humanos y otras entidades establecidas en los tratados) proporcionan una base para el argumento de que dicho derecho existe.[58] Partiendo de este conjunto de leyes, prácticas y precedentes, Maina Kiai, ex Relatora Especial de la ONU sobre los Derechos de Asamblea y Asociación Pacífica, señala que:

> El derecho a la libre asociación no solo incluye la capacidad de los individuos y entidades legales a formar y a unirse a una asociación, sino también a buscar, recibir y utilizar recursos--humanos, materiales y financieros--de fuentes locales, extranjeras e internacionales.[59] (énfasis añadido)

Wilson hace un señalamiento similar, de que con el fin de que se apliquen por completo, algunos derechos humanos están unidos con derechos secundarios:

> El derecho primario a participar en protestas noviolentas implica derechos de participación política, derechos de opinión, de información y expresión, y derechos de asociación y reunión pacífica... Algunos de estos derechos primarios...[corresponden]

al derecho secundario de brindar apoyo a los actores noviolentos. El derecho a recibir información...[corresponde] al derecho a impartir información. El derecho de asociación de aquellos dispuestos a proporcionar apoyo...[corresponde] al derecho de asociarse con aquellos que desean recibir apoyo...[60]

El común argumento en contra de cualquier forma de asistencia internacional es que la soberanía y la norma de no intervención permiten que un jefe de estado reduzca el apoyo externo que considera indeseable. Sin embargo, este argumento no es tan completo o convincente como parece a primera vista. La norma de no intervención se concibió como un embargo en contra de la intervención armada en otros países; no queda tan claro hasta qué punto puede bloquear otras formas de apoyo transfronterizo, particularmente la transferencia de información.[61]

Además, en derecho internacional, el concepto de soberanía estatal puede interpretarse como algo que reside inherentemente en la población, en oposición a su jefe de estado. Por lo tanto, un jefe de estado puede afirmar su soberanía solo en la medida en que su población tenga la posibilidad de expresar regular y libremente su preferencia de conferir su soberanía a un gobierno en particular. En el caso de los gobernantes que sofocan la democracia y la rendición de cuentas, apenas están en condiciones de afirmar que representan a la población de su país y sus afirmaciones de soberanía son erróneas.[62]

Para agravar esta situación, existen derechos de autodeterminación y participación política que no pueden ser borrados por los edictos de los soberanos autoproclamados. Por ejemplo, el Artículo 1º del Pacto Internacional de Derechos Civiles y Políticos (PIDCP), establece que:

> Todos los pueblos tienen el derecho de libre determinación. En virtud de este derecho establecen libremente su condición política y proveen asimismo a su desarrollo económico, social y cultural.[63]

El Artículo 25º establece que:

> Todos los ciudadanos gozarán... de los siguientes derechos y oportunidades:

a. Participar en la dirección de los asuntos públicos, directamente o por medio de representantes libremente elegidos;
b. Votar y ser elegidos en elecciones periódicas, auténticas, realizadas por sufragio universal e igual, y por voto secreto que garantice la libre expresión de la voluntad de los electores;
c. Tener acceso, en condiciones generales de igualdad, a las funciones públicas de su país.[64]

Estos son derechos humanos reconocidos y, si tienen significado en el mundo real, entonces pueden ser citados para argumentar en contra de los reclamos arbitrarios de soberanía autoritaria. Así como la ex Relatora Especial Maina Kiai señaló en su segundo informe temático al Consejo de Derechos Humanos de la ONU:

La protección de la soberanía del Estado no figura entre los intereses legítimos enunciados en el Pacto [PIDCP]...los Estados no pueden citar motivos adicionales, ni siquiera los previstos en las leyes nacionales, y no pueden interpretar libremente las obligaciones internacionales para restringir el derecho a la libertad de asociación... La afirmación de que la seguridad nacional se ve amenazada cuando una asociación recibe fondos de fuentes extranjeras no solo es una tergiversación y un argumento espurio, sino que también es contraria al derecho internacional de los derechos humanos. (énfasis añadido)

Las asociaciones, sean financiadas por fuentes internas o extranjeras, deben, por tanto, no solo ser libres de promover sus opiniones —aunque estas sean minoritarias y divergentes—, sino poner en entredicho el historial de derechos humanos de los gobiernos o realizar campañas en pro de la reforma democrática, sin ser acusadas de traición ni ser objeto de difamación.[65]

Kiai además señala que "El Consejo de Derechos Humanos, en su resolución 22/6, exhortó a los Estados a velar por que 'ninguna ley tipifique como delito o deslegitime las actividades de defensa de los derechos humanos a causa de la procedencia geográfica de su financiación.'"[66]

Por lo tanto, muchas tácticas de resistencia civil están protegidas por el derecho internacional de los derechos humanos, y estos derechos permiten además diversas formas de apoyo externo. Como mínimo, los actores locales tienen derecho a recibir asistencia en la forma de información, y los actores externos tienen el derecho a proporcionarla. Otras formas de apoyo externo, como la ayuda material a grupos de la sociedad civil que buscan y ejercen sus derechos humanos, tampoco pueden ser categóricamente bloqueados por los arbitrarios reclamos de soberanía de un régimen autoritario. La carga probatoria no deberá recaer en aquellos que buscan justificar la asistencia a las campañas de resistencia civil. En lugar de ello, la carga deberá ser dirigida a los gobiernos autoritarios para que justifiquen la legitimidad de sus reclamos de soberanía, y expliquen por qué sienten que es legítimo contravenir los derechos de su población y negar la asistencia.

Preocupación 6. ¿Cómo se debe solicitar el DA y quién debe ejercer la supervisión?
Las preguntas centrales en los asuntos internacionales tienen que ver con la legitimidad y la supervisión de la intervención extranjera y otras acciones internacionales, y el DA también debe ser considerado desde esta perspectiva. ¿En qué condiciones se justifican las diversas acciones? ¿Qué acciones están permitidas? ¿Quién decide? ¿Ante quién son responsables los diversos actores?

La doctrina de la Responsabilidad de Proteger aborda estas preguntas al basar las acciones en: a) el consentimiento del gobierno anfitrión; o, b) un desencadenante de una atrocidad masiva. Esto último se equipara a un abandono efectivo de la responsabilidad soberana, que a su vez abre la puerta a las formas más coercitivas de intervención extranjera directa. Para abordar las preocupaciones sobre legitimidad y responsabilidad, se invoca el RP en las Naciones Unidas, a través de la cual se ejerce la supervisión.

Por el contrario, el Derecho de Ayudar tiene diferentes puntos de activación, un proceso de invocación menos formal y con diferentes soluciones. El DA toma como punto de partida los derechos de las personas a acceder a la información y a participar en actos de resistencia civil noviolenta que están garantizados por la ley internacional de los derechos humanos. La primera categoría de asistencia --educación pública-- no requiere un desencadenante formal, ya que se relaciona casi exclusivamente con el intercambio de información que es público y está diseñado para la sociedad en su conjunto, en lugar de solo una facción. Además, muchas formas de asistencia de la segunda categoría --desarrollo de capacidades-- también se incluyen en gran medida dentro de las actividades de derechos humanos protegidas internacionalmente. Estas formas de apoyo pueden tener más impacto antes del surgimiento de una campaña ampliamente visible, y pueden proceder bajo el DA a grupos que cumplan con los criterios relevantes.

Si un gobierno amenaza o reprime de tal forma que viola los derechos de los actores noviolentos, entonces se pueden activar las categorías tercera y cuarta de asistencia de DA, para mitigar el impacto y aumentar el costo de la represión.[67]

Por último, si un gobierno ha perdido su legitimidad popular, está decidido a mantener su gobierno a toda costa, y la población busca una transición política, entonces se puede activar la quinta categoría de asistencia: fomentar una transición estable.

Estos desencadenantes para la acción son de menor nivel que los utilizados en RP, pero las formas de acción contempladas en DA también son mucho menos intervencionistas que las permitidas en RP.

Como se mencionó anteriormente, en términos de cómo se podría invocar el DA, en la actualidad el DA puede ser entendido como un esquema normativo bajo el cual una variedad de actores - ONGs, estados, instituciones multilaterales y otros-- pueden organizar sus esfuerzos sin depender de la autorización o implementación de la ONU o de gobiernos extranjeros. Sin embargo, agradecemos el debate, crítica e investigación y desarrollo más profundo en este tema, lo cual podría resultar en un proceso más formal y estructurado a futuro. Con respecto al establecimiento de dicho proceso, señalamos que, de acuerdo a las lecciones de RP, cualquier proceso que ponga el poder de veto en manos de un solo estado probablemente resulte en un estancamiento. Parte de la

> *Parte de la fuerza de DA es que si bien puede involucrar estados, puede ser mucho más flexible y sin ataduras dentro de un exclusivo marco centrado en el estado.*

fuerza del DA es que si bien puede involucrar a estados, este puede ser más flexible y no estar limitado dentro de un esquema exclusivamente centrado en el estado.

En términos de supervisión, reconocemos que DA podría ser citado como un pretexto de los actores que buscan intervenir con fines nefastos: como promover la desestabilización de estados como un fin en sí mismo y subvertir la soberanía. Como baluarte en contra de esto, promovemos tres criterios para apoyar los movimientos dentro del DA, y esos criterios deberían ser expandidos y mejorados a futuro. Para darle más fuerza a los criterios, aquellos que justifiquen el apoyo externo bajo DA sin tener en cuenta dichos criterios deben ser sancionados. También notamos que cuando una campaña comienza a seguir una agenda extranjera, su legitimidad popular, y por ende su participación popular, puede disminuir. Por lo tanto, las campañas noviolentas pueden apagarse si sucumben al control extranjero, y esto puede limitar algunos esfuerzos extranjeros para "armarlas."[68]

Un desarrollo que podría dar una mayor estructura al DA sería que el derecho internacional ofrezca estatus y reconocimiento a las campañas noviolentas de la misma manera que históricamente lo ha hecho para las insurgencias violentas. Esto podría brindar mayores oportunidades para aplicar criterios de calificación a las campañas y ejercer una supervisión formal a algunas formas de apoyo.

El estatus legal internacional y el reconocimiento de las insurgencias armadas se basa en la idea de que la soberanía proviene de un gobierno que ejerce un "control efectivo" sobre su población y territorio. El control efectivo se ve como evidencia de que una población ha aceptado el mandato de un gobierno. Por lo tanto, una insurgencia armada generalizada es vista como una refutación del control efectivo y como un retiro del consentimiento, lo que anteriormente había proporcionado la base para otorgar el estatus legal a las insurgencias que cumplen ciertos criterios.[69]

Sin embargo, no existe un reconocimiento legal internacional análogo para las campañas de resistencia civil extendidas a pesar del hecho de que, como observa la experta legal Elizabeth A. Wilson:

> Una mayor inclusión de los movimientos noviolentos les da mayor derecho a representar "la voluntad del pueblo" en oposición a los grupos de resistencia violentos ... [70]

Cuando un movimiento de resistencia ha evolucionado y se ha convertido en un movimiento masivo a gran escala con una plataforma inclusiva, se puede concluir que la población le ha retirado de manera efectiva (y demostrable) su consentimiento a un gobierno que es reconocido como legítimo por la comunidad internacional...[71]

Y:

> Dado que muchos de los que participan en la lucha noviolenta la consideran no como una negación de la guerra (pacifismo) sino como un medio alternativo para llevar a cabo la guerra, es justificable que sea más preciso pensar la resistencia civil noviolenta a gran escala como la creación de una situación análoga a la guerra civil.[72]

Por lo tanto, el reconocimiento legal de las campañas de resistencia civil podría ser un complemento útil al DA.[73] Dicho reconocimiento también podría incentivar la elección de estrategias de cambio noviolentas de manera crítica, reduciendo así el privilegio que disfruta actualmente en el derecho internacional el levantamiento violento, y creando una base para una mejor protección a las campañas de resistencia civil que ejercen y buscan el reconocimiento de los derechos humanos fundamentales.

Conclusión

El conflicto entre poblaciones y gobiernos es inevitable. La forma en que se libran estos conflictos determina su capacidad constructiva o destructiva.

En el ideal democrático, las tensiones se canalizan a través de un proceso político en el que las reglas son claras, ampliamente consideradas como legítimas y mantenidas de manera imparcial para que las disputas puedan abordarse de manera constructiva.

Bajo los gobiernos no democráticos, las reglas son a menudo poco claras, sesgadas y consideradas injustas e ilegítimas. Esta situación conduce a un creciente reclamo y demanda un medio para abordar los conflictos fuera de las instituciones corruptas. La elección que las personas hacen sobre cómo luchar--a través de tácticas noviolentas o violentas-- tiene una gran influencia en el riesgo de atrocidades masivas.

La Responsabilidad de Proteger no considera la importancia de esta elección, ni el poder de las campañas de resistencia civil. La RP está aún más limitada por las restricciones de la aprobación del Consejo de Seguridad de la ONU y su concepción de las opciones disponibles para remediar el riesgo de atrocidad.

Por el contrario, el Derecho de Ayudar reconoce que debemos privilegiar la elección de la resistencia civil sobre la insurrección armada porque reduce el riesgo de atrocidades y aumenta la posibilidad de resultados estables y respetuosos de los derechos. Además, el DA no necesita ser invocado por un voto formal del Consejo de Seguridad de la ONU. Más bien, es un paraguas bajo el cual una variedad de actores puede organizarse y legitimar sus esfuerzos; a pesar de que con el tiempo el DA puede evolucionar hacia algo más estructurado gracias a prácticas y debates futuros.

Las formas de apoyo contempladas en el DA son mucho menos intervencionistas que aquellas contempladas en el Pilar 3 de la Responsabilidad de Proteger. Estas consisten principalmente en la defensa de las estrategias noviolentas de cambio; en los esfuerzos educativos y de intercambio de conocimientos; en la promoción del diálogo entre grupos de oposición; en algunas formas específicas de apoyo material; esfuerzos para prevenir y reducir el impacto de la represión; y en el ejercicio de la presión noviolenta sobre el adversario del movimiento. Tales acciones tienen fundamento en prácticas pasadas y en leyes y normas internacionales.

Cualquier intervención externa conlleva la posibilidad de producir resultados perjudiciales. Este problema debe tomarse en serio, y ciertas formas de apoyo (como la financiación estatal directa de campañas de resistencia civil) pueden tener un impacto negativo. Sin embargo, tales riesgos no deberían disuadir la exploración del papel positivo que pueden desempeñar los actores externos, y una mayor investigación puede ayudar a desarrollar y refinar modelos de asistencia constructiva a las campañas de resistencia civil.

Además, así como la intervención puede conllevar riesgos, también lo hace la inacción. Una sociedad autoritaria exteriormente estable puede parecer menos propensa a cometer atrocidades masivas en un momento dado, pero el factor de riesgo aumenta tan pronto como la población comienza a enfrentarla. El no presentar la resistencia civil como una opción realista, y no apoyar a las poblaciones cuando deciden participar en tácticas noviolentas, puede aumentar la probabilidad de que después elijan la violencia.

Por lo tanto, cuando las personas se organizan y ejercen sus derechos humanos internacionalmente reconocidos para exigir responsabilidad, derechos y justicia, apoyarlos puede ser la mejor opción desde la perspectiva de reducir la probabilidad de atrocidades masivas.

Notas finales

[1] Asamblea General de la ONU. (16 de septiembre de 2005). *Documento final Cumbre Mundial 2005, A/RES/60/1,* párrafos 138-139.
http://www.un.org/ga/search/view_doc.asp?symbol=A/RES/60/1

[2] Resumen basado en: Asamblea General de la ONU. (12 de enero de 2009). *Hacer efectiva la responsabilidad de proteger: A/63/677 Informe del Secretario General.*
https://undocs.org/es/A/63/677

[3] Consejo de Seguridad de la ONU. (17 de marzo de 2011). *Resolución 1973. S/RES/1973* .
http://www.un.org/en/ga/search/view_doc.asp?symbol=S/RES/1973%282011%29

[4] El 14 de abril de 2011, el Presidente Obama de los Estados Unidos, el Primer Ministro Británico Cameron, y el Presidente Sarkozy de Francia publicaron una carta conjunta en la que afirmaron: "Es impensable imaginar que alguien que ha querido masacrar a su pueblo tenga un papel en el futuro gobierno libio. Los valientes ciudadanos de esas ciudades que han resistido contra las fuerzas que los han atacado sin piedad se enfrentarían a una temible venganza si el mundo aceptara tal acuerdo. Sería una traición intolerable...."

"Además, condenaría a Libia a ser no solo un estado paria, sino también un estado fallido. Gadafi ha prometido llevar a cabo ataques terroristas contra barcos y aviones civiles. Y debido a que ha perdido el consentimiento de su pueblo, cualquier acuerdo que lo deje en el poder conduciría a un mayor caos e ilegalidad. Sabemos por amarga experiencia lo que eso significaría. Ni Europa, la región, ni el mundo pueden permitirse un nuevo refugio seguro para los extremistas...."

"... Mientras Gadafi esté en el poder, la OTAN debe mantener sus operaciones para que los civiles permanezcan protegidos y la presión sobre el régimen se incremente. Entonces, realmente puede comenzar una verdadera transición de la dictadura a un proceso constitucional inclusivo, encabezado por una nueva generación de líderes. Para que esa transición tenga éxito, Gadafi debe irse y que sea para siempre."

Obama, Barack, David Cameron, and Nicolas Sarkozy. (2011, April 14). Libya's Pathway to Peace. *The International Herald Tribune.*
https://www.nytimes.com/2011/04/15/opinion/15iht-edlibya15.html

[5] Libia se ha convertido en un país inestable debido a facciones en guerra. Tan

solo seis meses después de la caída de Gaddafi, Human Rights Watch comentó que los abusos (es decir, peleas, represalias y expulsión de residentes) "parecen ser tan generalizados y sistemáticos que pueden llegar a equivaler a delitos de lesa humanidad" (Human Rights Watch, 2012).

En 2015, Alan Kuperman describió la situación de la siguiente manera: "En octubre de 2013, la Oficina del Alto Comisionado de las Naciones Unidas para los Derechos Humanos informó que 'la gran mayoría de los aproximadamente 8,000 detenidos relacionados con el conflicto también están detenidos sin el debido proceso.' Y algo más inquietante, Amnistía Internacional emitió un informe el año pasado que reveló maltratos salvajes: 'Los detenidos fueron sometidos a prolongadas palizas con tubos de plástico, palos, barras de metal o cables. En algunos casos, fueron sometidos a descargas eléctricas, suspendidos en posiciones contorsionadas durante horas, mantenidos con los ojos vendados y encadenados con las manos atadas a la espalda o privados de alimentos y agua.' El informe también señaló unos 93 ataques contra periodistas libios en tan solo los primeros nueve meses de 2014, 'incluyendo secuestros, detenciones arbitrarias, asesinatos, intentos de asesinato y agresiones'. Los ataques en curso en el oeste de Libia, concluyó el informe, 'equivalen a crímenes de guerra.' Como consecuencia de tal violencia generalizada, la ONU estima que aproximadamente 400,000 libios han huido de sus hogares, una cuarta parte de los cuales ha abandonado el país por completo."

Human Rights Watch. (2012, April 18). Libya: Wake-Up Call to Misrata's Leaders Torture, Killings May Amount to Crimes against Humanity.
https://www.hrw.org/news/2012/04/08/libya-wake-call-misratas-leaders

Kuperman, Alan J. (2015, March/April). Obama's Libya Debacle: How a Well-meaning Intervention Ended in Failure. *Foreign Affairs*, 94(2).
https://www.foreignaffairs.com/articles/libya/obamas-libya-debacle

[6] Por ejemplo: "Un miembro entrevistado del ELS [Ejército Libre Sirio] señaló que 'no pensamos ni por un segundo que terminaríamos luchando por mucho tiempo. Pensamos que montaríamos un espectáculo para que la comunidad internacional viniera y nos salvara como en Libia. Iban a bombardear el Palacio de Bashar Al Assad y derrocarían al gobierno. Agregó, 'cuando esto no pasó, nos vimos atrapados en una lucha armada para la que no estábamos preparados."

Bartkowski, Maciej J., and Julia Taleb. (2015). Myopia of the Syrian Struggle and Key Lessons. In Matthew Burrows and Maria J. Stephan (Eds.), *Is Authoritarianism Staging a Comeback?* (p. 137). Washington, DC: The Atlantic Council.

[7] Specia, Megan, and David E. Sanger. (2018, May 16). How the 'Libya Model' Became a

Sticking Point in North Korea Nuclear Talks. *The New York Times*.
https://www.nytimes.com/2018/05/16/world/asia/north-korea-libya-model.html

[8] El académico Alan Kuperman escribe: "Así como se quejó el presidente ruso Vladimir Putin, las fuerzas de la OTAN 'violaron francamente la resolución del Consejo de Seguridad de la ONU sobre Libia, cuando en lugar de imponer la llamada zona de exclusión aérea, también comenzaron a bombardear.' Su ministro de Relaciones Exteriores, Sergey Lavrov, explicó que, como resultado, en Siria, Rusia 'nunca permitiría que el Consejo de Seguridad autorizara algo similar a lo que sucedió en Libia'."

Kuperman, Alan J. (2015, March/April). Obama's Libya Debacle: How a Well-meaning Intervention Ended in Failure. *Foreign Affairs, 94*(2).
https://www.foreignaffairs.com/articles/libya/obamas-libya-debacle

Ver también:

Gutterman, Steve. (2011, June 16). UPDATE 1-Russia, China urge adherence to Libya resolutions. *Reuters*.
https://www.reuters.com/article/libya-russia-china-idAFLDE75F13V20110616

[9] Bellamy, Alex J. (2011, February). Mass Atrocities and Armed Conflict: Links, Distinctions, and Implications for the Responsibility to Protect. (Policy Analysis Brief). Stanley Foundation, p. 2.
https://www.stanleyfoundation.org/publications/pab/BellamyPAB22011.pdf

[10] Así como el Secretario General de la ONU Ban Ki-Moon señaló: " de no ser que abordemos las causas fundamentales de los conflictos —y ofrezcamos soluciones sostenibles— las emergencias humanitarias y las operaciones de mantenimiento de la paz continuarán sin cesar."

Ki-Moon, Ban. (2008, January 14). *Informe del Secretario General sobre la aplicación de la resolución 1625 (2005) del Consejo de Seguridad relativa a la prevención de los conflictos, en particular en África, S/2008/18,* Nueva York, Secretariado General de las Naciones Unidas.
https://undocs.org/es/S/2008/18

[11] Diversos estudios sobre la relación entre el inicio de la guerra civil y el tipo de régimen "encuentran la confirmación empírica de una relación de tipo 'U invertida' entre el nivel de democracia y la probabilidad de aparición de un conflicto armado interno" (Hegre, 2014). En otras palabras, estos estudios encuentran que los regímenes híbridos (que tienen una combinación de características autoritarias y democráticas) tienen correlación con un riesgo mayor de guerra civil.

Tales hallazgos respaldan la visión de que las democracias plenas son significativamente menos propensas a tener guerras civiles que las que no son democracias en general. Sin embargo, tales hallazgos también se pueden usar para argumentar que un gobierno totalmente autoritario (a pesar de su perturbadora relación con un mayor riesgo de guerra interestatal y abuso a los derechos humanos, por ejemplo) no aumenta significativamente el riesgo de guerra civil.

Para ahondar más en esta cuestión, algunos investigadores desglosan la amplia categoría de "tipo de régimen" al centrarse en variables más estrechas, como la capacidad del gobierno y la presencia y calidad de las elecciones. Estos estudios muestran el valor particular que la democracia y las elecciones tienen para reducir el riesgo de una guerra civil, en comparación con un gobierno totalmente autoritario.

Al observar la capacidad del gobierno y, en particular, los indicadores de debilidad del gobierno, Gleditsch y Ruggeri revisan los datos de 1946-2004 y encuentran que ante "una mayor debilidad del estado" aumenta la probabilidad del inicio de una guerra civil, y cuando controlan esta variable, "descubren que la democracia tiene un claro efecto negativo sobre el riesgo de iniciar un conflicto civil..." (Gleditsch y Ruggeri, 2010).

Enfocándose en la presencia de elecciones y en el grado de libre competencia electoral como un aspecto clave de los regímenes democráticos o autoritarios, Bartusevičius y Skaaning analizan los datos de 1817-2006 y encuentran que los gobiernos "caracterizados por una contienda electoral sin restricciones, superan a los demás tipos de regímenes en la paz civil Además, en un desafío a la opinión de que los regímenes híbridos están en mayor riesgo de guerra civil que los regímenes completamente autoritarios, encuentran que "los regímenes híbridos caracterizados por al menos una competencia electoral nominal son más pacíficos que las autocracias sin elecciones."

Al profundizar en la cuestión de cómo los diferentes tipos de regímenes autocráticos (multipartidistas, unipartidistas y no electorales) aumentan el riesgo de guerra civil, Bartusevičius y Skaaning encuentran que los regímenes completamente no electorales crean un riesgo mayor, pero las autocracias que celebran elecciones no competitivas también tienen un riesgo comparativamente alto, afirmando que: "Independientemente de su forma (de partido único o multipartidista), las autocracias electorales... parecen ser intrínsecamente propensas a los conflictos..."

Estos hallazgos los llevan a concluir, con un respaldo a la opinión de Hegre et. al., que: "hay una paz civil de naturaleza democrática" y "el camino más confiable para una paz nacional a largo plazo es democratizar lo más posible" (Hegre, et. al., 2001).

Bartusevičius, Henrikas, and Svend Erik Skanning. (2018). Revisiting democratic civil peace: Electoral regimes and civil conflict. *Journal of Peace Research, 55*(5), pp. 626, 638. https://doi.org/10.1177/0022343318765607

Gleditsch, Kristian Skrede, and Andrea Ruggeri. (2010). Political opportunity structures, democracy, and civil war. *Journal of Peace Research, 47*(3), p. 300. https://doi.org/10.1177/0022343310362293

Hegre, Håvard. (2014). Democracy and armed conflict. *Journal of Peace Research, 51*(2), p. 160. https://doi.org/10.1177/0022343313512852

Hegre, Håvard, Tanja Ellingsen, Scott Gates, and Nils Petter Gledissch. (2001, March). Toward a Democratic Civil Peace? Democracy, Political Change, and Civil War, 1816-1992. *American Political Science Review, 95*(1), p. 44.

[12] La académica Erica Chenoweth encuentra que la aparición de campañas noviolentas que buscan alcanzar objetivos máximos (un cambio de gobierno, autodeterminación, o expulsión de ocupantes extranjeros) casi se duplicó entre los años 90 y 2000, y aumenta también a casi el doble en la actual década (2010-2019).

Aparición de campañas noviolentas que buscan alcanzar objetivos máximos: 1900-2015

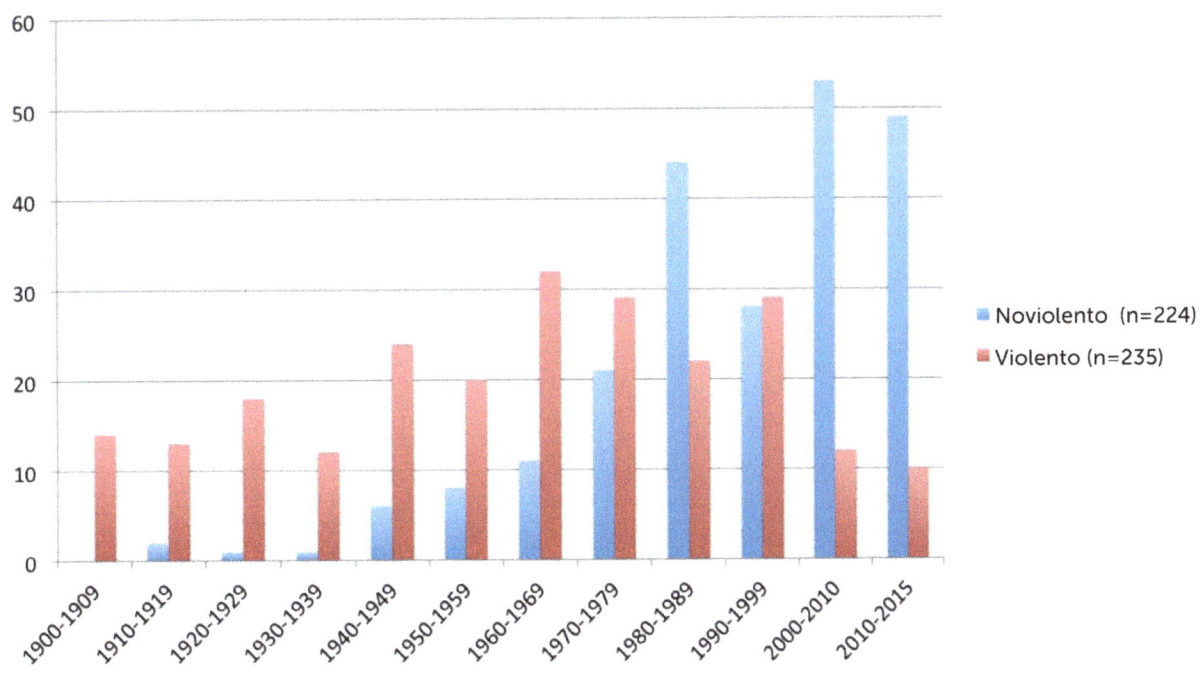

Chenoweth, Erica, and Maria J. Stephan. (2016, January 18). How the world is proving Martin Luther King right about nonviolence. *Washington Post*. https://www.washingtonpost.com/news/monkey-cage/wp/2016/01/18/how-the-world-is-proving-mlk-right-about-nonviolence/

[13] Este hallazgo es especialmente notable porque las campañas noviolentas representan una amenaza mayor para el poder de permanencia del régimen que las campañas violentas (así como las campañas noviolentas tienen una mayor tasa de éxito en conducir a transiciones políticas), así que uno puede asumir que será más probable que estas campañas estén sujetas a asesinatos masivos.

Perkoski, Evan, and Erica Chenoweth. (2018). *Nonviolent Resistance and Prevention of Mass Killings During Popular Uprisings*. Washington, DC: ICNC Press, p. 8. https://www.nonviolent-conflict.org/wp-content/uploads/2017/07/nonviolent-resistance-and-prevention-of-mass-killings-perkoski-chenoweth-2018-icnc.pdf

[14] Los factores estructurales de riesgo mencionados aquí se pueden encontrar en: Harff, Barbara. (2019). Countries at risk of genocide and politicide after 2016—and why. En Barbara Harff and Ted Robert Gurr (Eds.), *Preventing Mass Atrocities: Policies and Practices* (pp. 30-31). New York and Oxon: Routledge.

[15] Para una sinopsis de hallazgos de investigación relevantes, ver:

Bartkowski, Maciej. (2017, September 17). Do Civil Resistance Movements Advance Democratization?. *Minds of the Movement* (blog), International Center on Nonviolent Conflict. https://www.nonviolent-conflict.org/blog_post/civil-resistance-movements-advance-democratization/

Para más información sobre resistencia civil y transiciones democráticas, ver también nota 21.

[16] El académico Stephen McLoughlin escribe: "Dos factores de riesgo relacionados con el tipo de régimen y su comportamiento aumentan considerablemente el riesgo de atrocidades masivas. El primero es la **ausencia o la limitación de la democracia**; el segundo es un **estado de derecho limitado**..." (énfasis añadido)

"Los derechos humanos, la estabilidad política y la prosperidad económica son todas premisas del estado de derecho. Cuando un régimen debilitado o abusivo ignora el estado de derecho, particularmente cuando los controles y equilibrios democráticos están ausentes, la población es mucho más vulnerable a las carencias y discriminación. La falta de imparcialidad judicial permite que exista impunidad en los actos de discriminación y violencia en contra de grupos vulnerables..."

"Por tanto, el estado de derecho apunta tanto a los riesgos como a la resistencia. Cuando es débil, es mayor el riesgo de atrocidades masivas. Cuando es fuerte, el riesgo disminuye." (McLoughlin, 2014).

La investigación de la académica y experta en genocidio Barbara Harff encuentra que: "Cuanto más sesgado esté el país en términos de **poner el control total en manos de unos pocos**, especialmente si la elite representa una minoría étnica, mayores serán las posibilidades que los conflictos futuros conduzcan a atrocidades masivas y al genocidio." (énfasis añadido) (Harff, 2019).

En términos de factores de resiliencia que reducen el riesgo de atrocidades, Stephen McLoughlin (2014) cita al "**buen gobierno**" como un factor principal. De igual forma, Jack Goldstone, et. al., encuentran que la democracia es un factor para reducir el riesgo de que existan "guerras étnicas, revoluciones y genocidios." "Los elementos clave de la **democracia estable** son combinar **el acceso totalmente abierto a los cargos políticos con una competencia política totalmente institucionalizada y funcional**... En los lugares con estas condiciones, incluso en medio de un contexto aparentemente inhóspito para la estabilidad o la democracia, las probabilidades relativas de que se produzcan guerras étnicas, revoluciones y genocidios han sido drásticamente menores" (énfasis añadido) (Goldstone et al., 2005).

Alex Bellamy incluye a "**La sociedad civil vibrante y los sectores privados activos**" como fuentes de resiliencia, y comenta que "...la atención excesiva a las 'fantasías de rescate' por parte de externos ha desviado la atención del trabajo de las sociedades civiles locales, las poblaciones y los individuos para protegerse a sí mismos. El enfoque de la comunidad internacional debe centrarse directamente en las capacidades locales que ayuden a las sociedades a reducir el riesgo subyacente y navegar pacíficamente a través de tiempos difíciles..." (Bellamy, 2011).

Bellamy, Alex J. (2016, April). Reducing Risk, Strengthening Resilience: Toward the Structural Prevention of Atrocity Crimes. (Policy Analysis Brief). Stanley Foundation, p. 9. https://www.stanleyfoundation.org/publications/pab/Risk-Resilience-BellamyPAB416.pdf

Goldstone, Jack A., Ted Robert Gurr, Barbara Harff, Marc A. Levy, Monty G. Marshall, Robert H. Bates, Jay Ulfelder, and Mark Woodward. (2005, September). *A Global Forecasting Model of Political Instability*. Artículo presentado en la Reunión Anual de la Asociación Estadounidense de Ciencia Política en Washington, DC. http://globalpolicy.gmu.edu/documents/PITF/PITFglobal.pdf

Harff, Barbara. (2019). Countries at risk of genocide and politicide after 2016—and why. In Barbara Harff and Ted Robert Gurr (Eds.), *Preventing Mass Atrocities: Policies and*

Practices (p. 30). New York and London: Routledge.

McLoughlin, Stephen. (2014). *The Structural Prevention of Mass Atrocities: Understanding Risk and Resilience*. London and New York: Routledge, pp. 55-57.

[17] Chenoweth y Stephan crearon y usaron en su trabajo el Proyecto de datos NAVCO (Campañas y desenlaces Noviolentos y violentos, por sus siglas en inglés), el cual, "... contiene una muestra de campañas de resistencia basadas en datos de consenso de académicos tanto de conflictos violentos como noviolentos. Las campañas de resistencia incluyen campañas tanto para el cambio de régimen interno, como en contra de ocupaciones extranjeras; o por secesión o autodeterminación. Del conjunto de datos se omiten las principales campañas sociales y económicas, como el movimiento por los derechos civiles y el movimiento populista en los Estados Unidos. Para poder ser incluida en el conjunto de datos de NAVCO, la campaña debe tener un objetivo político importante y disruptivo, como el fin de un régimen político actual, una ocupación extranjera, o una secesión. Alrededor de diez campañas (cuatro noviolentas y seis violentas) no encajaron dentro de alguna de estas categorías, pero fueron incluidas en el conjunto de datos."

Stephan, Maria J., and Erica Chenoweth. (2008). Why civil resistance works: The strategic logic of nonviolent conflict. *International Security, 33*(1), p. 15.

[18] Chenoweth, Erica, and Maria J. Stephan. (2011). *Why Civil Resistance Works: The Strategic Logic of Nonviolent Conflict*. New York: Columbia University Press, p. 73.

Además, cuando las tasas generales de éxito en el conjunto de datos NAVCO 1.0 se desglosaron por objetivo de campaña, los resultados mostraron que las campañas de resistencia civil que buscaron transiciones políticas en el gobierno (en lugar de la autodeterminación o expulsión de ocupantes extranjeros) tuvieron una tasa de éxito del 59 por ciento para campañas noviolentas, frente a una tasa de éxito del 27 por ciento para las campañas violentas.

Stephan, Maria J., and Erica Chenoweth. (2008). Why civil resistance works: The strategic logic of nonviolent conflict. *International Security, 33*(1), p. 8.

[19] Chenoweth, Erica, and Maria J. Stephan. (2011). *Why Civil Resistance Works: The Strategic Logic of Nonviolent Conflict*. New York: Columbia University Press, pp. 213-215.

[20] *Ibid*. p. 216.

[21] Otros estudios en resistencia civil, transición política y democracia, encuentran que:

1. Es más probable que las transiciones impulsadas por resistencias civiles lleven a la democracia en contraste con las insurgencias violentas. (Karatnycky y Ackerman, 2005; Celestino and Gleditsch, 2013)

2. Las transiciones impulsadas por las elites y los procesos descendentes tienen menos posibilidades de conducir a la democracia. Karatnycky y Ackerman estudiaron 67 transiciones desde el autoritarismo entre 1972 y 2005 y encontraron que 50 de estas transiciones fueron realizadas por "resistencias civiles," mientras que solo 14 de ellas fueron llevadas a cabo por procesos descendentes. Además, 32 de las 50 transiciones (64 por ciento) llevadas a cabo por resistencias civiles condujeron a desenlaces totalmente democráticos, frente a solo 2 de 14 transiciones (14 por ciento) que fueron impulsadas por esfuerzos descendentes. (Karatnycky y Ackerman, 2005)

3. Las transiciones impulsadas por resistencias civiles condujeron a democracias mucho más duraderas (que persistieron durante un promedio de 47 años) que las transiciones impulsadas por la violencia (en donde las democracias post-transición duraron en promedio 5 años) o las transiciones que carecieron de algún componente de resistencia civil (en las cuales las democracias post-transición duraron en promedio 9 años). (Bayer, Bethke y Lambach, 2016).

4. La calidad de la democracia posterior a las transiciones impulsadas por resistencias civiles es mayor que la de las transiciones que no fueron impulsadas por transiciones (Bethke y Pinckney, 2016).

5. Los países que experimentaron transiciones impulsadas por resistencias civiles tienen más probabilidad de lograr un crecimiento económico mayor en los años post-transición, que los países que experimentaron transiciones descendentes impulsadas por la élite (Johnstad, 2010).

6. Dentro de la década posterior a una transición impulsada por la resistencia civil, los gobiernos han podido alcanzar o superar el promedio mundial de la esperanza de vida prevista al nacer (Stoddard, 2013).

Para un resumen de este y otros hallazgos, ver:

Bartkowski, Maciej. (2017, September 17). Do Civil Resistance Movements Advance Democratization?. *Minds of the Movement* (blog), International Center on Nonviolent Conflict.
https://www.nonviolent-conflict.org/blog_post/civil-resistance-movements-advance-

democratization/

Bayer, Markus, Felix S. Bethke, and Daniel Lambach. (2016). The democratic dividend of nonviolent resistance. *Journal of Peace Research, 53*(6), pp. 758-771.
https://journals.sagepub.com/doi/10.1177/0022343316658090

Bethke, Felix S., and Jonathan Pinckney. (2016, July). *Nonviolent Resistance and Quality of Democracy.* (Working Paper Series 2016:03). V-Dem Institute, University of Gothenburg.
https://www.v-dem.net/files/45/Users%20Working%20Paper%203.pdf

Celestino, Mauricio Rivera, and Kristian Skrede Gleditsch. (2013). Fresh carnations or all thorn, no rose? Nonviolent campaigns and transitions in autocracies. *Journal of Peace Research, 50*(3), pp. 385–400.
https://doi.org/10.1177/0022343312469979

Johnstad, Petter Grahl. (2010). Nonviolent Democratization: A Sensitivity Analysis of How Transition Mode and Violence Impact the Durability of Democracy. *Peace and Change, 35*(3), pp. 464–482.

Karatnycky, Adrian, and Peter Ackerman. (2005). *How Freedom is Won: From Civic Resistance to Durable Democracy.* Washington, DC: Freedom House.
https://freedomhouse.org/sites/default/files/How%20Freedom%20is%20Won.pdf

Stoddard, Judith. (2013). How do Major, Violent and Nonviolent Opposition Campaigns, Impact Predicted Life Expectancy at Birth?. *Stability: International Journal of Security and Development, 2*(2), p.Art. 37.

[22]. Pinckney, Jonathan. (2018). *When Civil Resistance Succeeds: Building Democracy After Popular Nonviolent Uprisings.* Washington, DC: ICNC Press, p. 32.
https://www.nonviolent-conflict.org/wp-content/uploads/2018/10/When-Civil-Resistance-Succeeds-Pinckney-monograph.pdf

[23] Chenoweth, Erica, and Maria J. Stephan. (2011). *Why Civil Resistance Works: The Strategic Logic of Nonviolent Conflict.* New York: Columbia University Press, p. 62.

[24] *Ibid.* pp. 66–67.

[25] Pinckney, Jonathan. (2018). *When Civil Resistance Succeeds: Building Democracy After Popular Nonviolent Uprisings.* Washington, DC: ICNC Press, pp. 37, 39.
https://www.nonviolent-conflict.org/wp-content/uploads/2018/10/When-Civil-

Resistance-Succeeds-Pinckney-monograph.pdf

[26] Por ejemplo, una investigación cuantitativa y cualitativa muestra que el tipo de régimen y su fuerza no determina el surgimiento y resultado de las campañas de resistencia civil.

Chenoweth, Erica, and Maria J. Stephan. (2011). *Why Civil Resistance Works: The Strategic Logic of Nonviolent Conflict*. New York: Columbia University Press, pp. 66–68.

[27] Además de evaluar la influencia del tipo de régimen en el surgimiento y resultado de las campañas de resistencia civil, Chenoweth y Stephan evaluaron el impacto de la fuerza del régimen y el uso de la represión violenta contra las campañas noviolentas. Ellas encontraron que la fuerza del régimen no tenía influencia en el surgimiento o éxito de la campaña y que el uso de la represión violenta en contra de una campaña noviolenta reducía la probabilidad de éxito de la campaña en un 35 por ciento. (Chenoweth y Stephan, 2011).

Un estudio de Freedom House de 2008 evaluó cómo otros factores ambientales como el nivel de desarrollo económico de un país, la concentración de poder de un régimen y el nivel de fraccionamiento de una sociedad tienen un impacto sobre el surgimiento y los resultados de las campañas de resistencia civil y concluyeron que: "…ni los factores políticos ni ambientales estudiados… tuvieron un impacto estadísticamente significativo en el éxito o el fracaso de los movimientos de resistencia civil" (Marchant et al., 2008).

Chenoweth, Erica, and Maria J. Stephan. (2011). *Why Civil Resistance Works: The Strategic Logic of Nonviolent Conflict*. New York: Columbia University Press, p. 68.

Marchant, Eleanor, Adrian Karatnycky, Arch Puddington, and Christopher Walter. (2008, July). Enabling Environments for Civic Movements and the Dynamics of Democratic Transition. Special Report. Freedom House, p. 1.
https://www.nonviolent-conflict.org/wp-content/uploads/2016/03/enabling_environments_for_civic_movements_-_pdf_-_english.pdf

[28] Un ejemplo de una nueva gran investigación en proceso sobre el tema es:

"External Support for Nonviolent Campaigns: Data Collection and Analysis." Josef Korbel School of International Studies. Sié Chéou-Kang Center for International Security and Diplomacy.
https://www.du.edu/korbel/sie/research/chenow_external_support.html

[29] Sharp, Gene. (2003). *There are Realistic Alternatives*. Boston: The Albert Einstein Institution, p.3.

Merriman, Hardy, and Jack DuVall. (2007). Dissolving Terrorism at Its Roots. In Ralph Summy and Senthil Ram (Eds.), *Nonviolence: An Alternative for Countering Global Terror(ism)*. Hauppauge, New York: Nova Science Publishers.
https://www.nonviolent-conflict.org/wp-content/uploads/2018/11/Dissolving-Terrorism-at-Its-Roots.pdf

[30] Chenoweth, Erica. (2016, November 21). People are in the streets protesting Donald Trump. But when does protest actually work?. *Washington Post*.
https://www.washingtonpost.com/news/monkey-cage/wp/2016/11/21/people-are-in-the-streets-protesting-donald-trump-but-when-does-protest-actually-work/

[31] En algunos casos, los talleres y cursos en línea también pueden entrar en la categoría de "educación pública," dependiendo del tipo, propósito, contenido y participantes que se unen a ellos.

[32] Por el término "disidentes" nos referimos a individuos que participan directamente (y a menudo públicamente) en conflictos contra el estado. En este documento nos referimos específicamente a disidentes que usan la resistencia civil (en contraposición a otros disidentes que puedan apoyar la violencia). Por el término "activistas," nos referimos a individuos que buscan realizar un considerable cambio político, económico o social a través de la resistencia civil. Aunque los términos "disidentes" y "activistas" a veces pueden usarse de manera intercambiable, el término "activistas" es más amplio que "disidentes," debido a que los activistas persiguen una variedad de demandas (derechos, reformas, o cambio fundamental) en contra de una variedad de opositores y pueden tener mucha o poca visibilidad en sus esfuerzos.

[33] Así como Maria J. Stephan, Sadaf Lakhani, y Nadia Naviwala afirman: "Los actores externos nunca están en la mejor posición para asesorar estratégica o tácticamente a los actores civiles locales, pero están en la posición para apoyar la construcción de capacidad para la acción estratégica, disciplinada y noviolenta."

Stephan, Maria J., Sadaf Lakhani, and Nadia Naviwala. (2015). Aid to Civil Society: A Movement Mindset. Special Report 361. United States Institute of Peace, p. 12.
https://www.usip.org/sites/default/files/SR361_Aid_to_Civil_Society_A_Movement_Mindset.pdf

[34] El factor diferencial en la tasa de éxito de las campañas violentas y noviolentas,

así como el de los resultados democráticos ya han sido mencionados en este documento. Sin embargo, también está la cuestión del impacto cuando las campañas noviolentas incorporan o existen junto a grupos armados (que se denominan "flancos violentos"). Algunos sostienen que la presencia de flancos violentos puede aumentar las posibilidades de éxito de la campaña. Sin embargo, Chenoweth y Schock descubrieron que la "campaña [noviolenta] promedio con un flanco violento es 17% más pequeña que la campaña [noviolenta] promedio que no cuenta con uno," y dado que la participación pública es un factor principal en las tasas de éxito del movimiento, esto es "evidencia de un efecto negativo indirecto, en el sentido de que las luchas armadas contemporáneas se asocian negativamente con la participación popular y, en consecuencia, se correlacionan con menores posibilidades de éxito para las campañas que hubieran podido ser desarmadas" (Chenoweth, 2016; Chenoweth y Schock, 2015).

Chenoweth y Schock además encontraron que cuando una campaña noviolenta desarrolla un flanco violento dentro del movimiento (un grupo violento que se separa de una campaña noviolenta), se reduce la tasa de éxito de la campaña del 60 al 41 por ciento (Chenoweth y Schock, 2015).

Finalmente, Chenoweth y Stephan encuentran que cuando una campaña noviolenta o violenta coexiste con otros grupos armados, la probabilidad de una guerra civil posterior al conflicto en la próxima década se incrementa del 27% al 49% (Chenoweth y Stephan, 2011).

Chenoweth, Erica. (2016, June 21). *Nonviolent Discipline & Violent Flanks*. Presentation at the 2016 ICNC Summer Institute at the Fletcher School of Law and Diplomacy. https://www.youtube.com/watch?v=o1-fPXqp-T8

Chenoweth, Erica and Kurt Schock. (2015). Do Contemporaneous Armed Challenges Affect the Outcomes of Mass Nonviolent Campaigns?. *Mobilization: An International Quarterly*, *2*(4), pp. 427, 435.

Chenoweth, Erica, and Maria J. Stephan. (2011). *Why Civil Resistance Works: The Strategic Logic of Nonviolent Conflict*. New York: Columbia University Press, p. 218.

[35] Particularmente, el apoyo financiero de un estado extranjero a una campaña noviolenta puede ser peligroso. Al evaluar la información sobre este tema, Perkoski y Chenoweth concluyeron que "...el apoyo de un estado extranjero... puede incrementar la probabilidad de asesinatos masivos, incluso en aquellos casos de un movimiento noviolento."

Perkoski, Evan, and Erica Chenoweth. (2018). *Nonviolent Resistance and Prevention of Mass Killings During Popular Uprisings*. Washington, DC: ICNC Press, p. 19.

https://www.nonviolent-conflict.org/wp-content/uploads/2017/07/nonviolent-resistance-and-prevention-of-mass-killings-perkoski-chenoweth-2018-icnc.pdf

[36] Si bien los fondos externos limitados para los movimientos pueden ser útiles en algunos contextos, nuestra opinión es que el financiamiento externo generalmente no es el ingrediente clave para el éxito de un movimiento; de hecho, cuando se realiza excesivamente, o con poca práctica, puede llevar al fracaso del mismo. Por el contrario, la formación de habilidades, la defensa y la presión sobre el adversario de la campaña, son todas formas de apoyo no monetario que pueden tener un impacto mucho más significativo (y positivo).

Para obtener un excelente recurso que proporciona una guía para el financiamiento, actores externos y movimiento, consultar:

Stephan, Maria J., Sadaf Lakhani, and Nadia Naviwala. (2015). Aid to Civil Society: A Movement Mindset. Special Report 361. United States Institute of Peace.
https://www.usip.org/sites/default/files/SR361_Aid_to_Civil_Society_A_Movement_Mindset.pdf

Para ver un ejemplo del modelo de financiación y participación utilizado por la ONG de los autores (el International Center on Nonviolent Conflict), consultar:

Merriman, Hardy. (2018, April 30). A Movement-centered Support Model: Considerations for Human Rights Funders and Organizations, Part I. *Minds of the Movement* (blog), International Center on Nonviolent Conflict.
https://www.nonviolent-conflict.org/blog_post/movement-centered-support-model-considerations-funders-organizations/

Merriman, Hardy. (2018, May 21). A Movement-centered Support Model: Considerations for Human Rights Funders and Organizations, Part II. *Minds of the Movement* (blog), International Center on Nonviolent Conflict.
https://www.nonviolent-conflict.org/blog_post/part-2-movement-centered-support-model-considerations-funders-organizations/

Merriman, Hardy. (2018, September 11). Supporting Civil Resistance Movements: Considerations for Human Rights Funders and Organizations. *Minds of the Movement* (blog), International Center on Nonviolent Conflict.
https://www.nonviolent-conflict.org/blog_post/supporting-civil-resistance-movements/

Merriman, Hardy. (2019, January 10). Small Grants, Big Commitment: Reflections on Support for Grassroots Activists and Organizers. *Minds of the Movement* (blog),

International Center on Nonviolent Conflict.
https://www.nonviolent-conflict.org/blog_post/small-grants-big-commitment-reflections-support-grassroots-human-rights-activists-organizers/

[37] Esta es solo una de las muchas acciones que los diplomáticos pueden hacer para incorporar a su trabajo un enfoque más centrado en el movimiento. Para una discusión más amplia de otras opciones y estudios de caso de diplomáticos participando con disidentes, la sociedad civil, y campañas noviolentas, consultar:

Kinsman, Jeremy and Kurt Bassuener (Eds.). (2016). *A Diplomat's Handbook for Democracy Development Support*. Waterloo, ON: CIGI Press.

Además, los incentivos profesionales y la capacitación para los diplomáticos podrían modificarse para prepararlos y recompensar tales acciones: "Los diplomáticos deben estar facultados para comunicarse directamente con los actores de la sociedad civil. Con este fin, los Estados Unidos y otras democracias deberían realinear los incentivos profesionales para que los funcionarios del servicio exterior recompensen a aquellos que faciliten la cooperación y las colaboraciones con los actores de la sociedad civil en el campo, así como extender la duración de las rotaciones de campo para permitir que esas relaciones se desarrollen."

Lagon, Mark, and Patrick McCormick. (2015, January). The Responsibility to Accompany: A Framework for Multilateral Support of Grassroots Nonviolent Resistance. *Ethics and International Affairs*.
https://www.ethicsandinternationalaffairs.org/2015/the-responsibility-to-accompany-a-framework-for-multilateral-support-of-grassroots-nonviolent-resistance/

[38] Como una posibilidad, Jane Mansbridge y Chibli Mallat proponen un sistema de respuesta escalonado basado en niveles de represión:

"Necesitamos un conjunto de disparadores automáticos basados en una evaluación internacional del nivel de violencia que un gobierno dictatorial está utilizando contra la protesta noviolenta. La forma exacta de los desencadenantes es menos importante que el principio de reacción. La comunidad internacional debería comenzar a pensar de inmediato en las respuestas externas apropiadas para cuando un régimen dictatorial comienza a disparar a sangre fría a los manifestantes noviolentos. La ONU, o una o más alianzas regionales, podrían establecer una comisión encargada de investigar las muertes en protestas noviolentas dentro de su área de jurisdicción. El reclamo por una de esas muertes podría generar atención al problema. Diez muertes, con la corroboración de fuentes externas, podrían generar un pequeño grupo de trabajo con el mandato de investigar el problema. Cincuenta muertes, con la corroboración significativa de fuentes externas, podrían desencadenar la formación de un comité formal de investigación. Cien muertes corroboradas podrían desencadenar una investigación formal. Y 200 muertes corroboradas podrían provocar que el tema sea tratado en el Consejo de Seguridad de la ONU (CSNU) para que considere las sanciones de la ONU o las sanciones de las alianzas regionales si la acción de la ONU es vetada."

Mallat, Chibli, and Jane Mansbridge. (2012, September 11). Outside Intervention in Nonviolent Revolutions. *JURIST – Forum*.
http://jurist.org/forum/2012/09/mallat-mansbridge-nonviolent-intervention.php

[39] El Almirante Denis Blair describe un papel constructivo para los militares que prestan servicio en las democracias, instándolos a usar sus puntos de contacto humano con sus homólogos extranjeros para enfatizar las virtudes de servir a los gobernantes democráticos y aconsejar la moderación de aquellos a quienes se les ordene reprimir a los movimientos populares noviolentos.

Blair, Dennis. (2013). *Military Engagement Influencing Armed Forces Worldwide to Support Democratic Transitions, Vol. I and II*. Washington, DC: Brookings Institution.

Capítulo de apertura del Volumen I:
https://www.brookings.edu/wp-content/uploads/2016/07/militaryengagement_chapter.pdf

Capítulo de apertura del Volumen II:
https://www.brookings.edu/wp-content/uploads/2016/07/miltaryengagement2_samplechapter.pdf

[40] Ver nota 37.

[41] De acuerdo con la "Política de Protección Infantil en Operaciones de Paz de las Naciones Unidas":

"La protección de los civiles desarmados se refiere a una estrategia para la protección de los civiles, la reducción de la violencia localizada y el apoyo a las infraestructuras locales de paz, en la que los civiles desarmados y entrenados viven y trabajan con la sociedad civil local en áreas de conflicto violento. El Grupo Independiente de Alto Nivel sobre las Operaciones de Paz recomendó que los enfoques desarmados deben estar a la vanguardia de los esfuerzos de las Naciones Unidas para proteger a los civiles, incluidos los niños."

UN Department of Peacekeeping Operations, Department of Field Support and Department of Political Affairs. (2017, June). *Policy on Child Protection in United Nations*

Peace Operations, Ref. 2017.11. New York.
http://dag.un.org/handle/11176/400655

Para información adicional sobre protección civil desarmada, consultar:
Furnari, Ellen. (2016). *Wielding Nonviolence in the Midst of Violence: Case Studies of Good Practices in UCP.* Norderstedt: Books on Demand.
Nonviolent Peaceforce and the UN Institute for Training and Research. (2017). *Unarmed Civilian Protection: Strengthening Civilian Capacities to Protect Civilians Against Violence.*
https://www.nonviolentpeaceforce.org/images/UCP_Course_Manual.pdf

[42] Desde una perspectiva legal internacional, Danny Auron explora la posibilidad de desconocer a un gobierno y argumenta por: "...el uso de de la política de reconocimiento—el desconocimiento del régimen existente y el posible reconocimiento sustituto de las fuerzas noviolentas de oposición—como un enfoque novedoso para la intervención no física, la prevención y el cambio de régimen. Dicha política ayudaría a terminar las administraciones que se enfrentan a oposiciones masivas por parte de su población y enfrentan esta resistencia con violencia sistemática." (Auron, 2013)

Para un ejemplo de cómo podría funcionar la acción de desconocimiento, Mallat, et. al., abogaron por desconocer el gobierno sirio y reconocer del Consejo Nacional Sirio (CNS) opositor: "Los primeros pasos incluirían **entregar las embajadas sirias a la oposición** y considerarlos representantes más legítimos del pueblo sirio que los enviados actuales. Esta medida promovería inmediatamente las deserciones en esas embajadas y en los servicios diplomáticos sirios. Si los gobiernos del Grupo de Amigos del Pueblo Sirio (GAPS) deciden que la entrega de la embajada al pueblo sirio como representación transicional de la oposición, no está lo suficientemente respaldada por la ley consular, simplemente pueden **expulsar al embajador sirio local y a los principales asistentes de la embajada**."

"También pueden proporcionar una logística seria para ayudar al CNS como el grupo de convergencia más importante para este período de transición, a fin de avanzar mejor en la agenda de la democracia siria...."

"La Asamblea General de la **ONU puede reunirse nuevamente para votar formalmente por dicho reconocimiento. Los gobiernos individuales pueden comenzar el proceso de inmediato.** Según el derecho internacional, los gobiernos son libres de reconocer al gobierno extranjero que consideran legítimo en un país determinado...."

"...Muchos sirios han sido privados de sus documentos de viaje durante años. Esto dificulta su acción y aumenta los riesgos de vida. El gobierno de CNS debería **emitir pasaportes a estos sirios y los gobiernos del GAPS deberían reconocer sus pasaportes para viajar al extranjero**."

"... **Los líderes de partido en todo el espectro político de las sociedades de los países del GAPS deberían reunirse con representantes designados de la oposición y ofrecerles una sede, así como apoyo en logística y en los medios**."

"**Los congresos de los países del GAPS también pueden desempeñar un papel clave organizando debates abiertos y reuniones de trabajo donde los revolucionarios sirios noviolentos puedan ser escuchados y sus solicitudes estudiadas y discutidas seriamente, tanto para necesidades inmediatas como para la preparación para la transición democrática. El Secretariado General de la ONU y la Liga Árabe**... **deberían abordar el CNS y la resistencia dentro del país** como los únicos interlocutores dignos para la sociedad siria hasta que sean posibles las elecciones libres, es decir, después de que Asad sea removido del poder." (énfasis añadido) (Mallat et al., 2012).

Auron, Danny. (2013). The Derecognition Approach: Government, Illegality, Recognition, and Non-Violent Regime Change. *George Washington International Law Review 45*(3), p. 443.

Mallat, Chibli, Jane Mansbridge, Sadek Jalal al-Azm, Trudi Hodges, Mansoor al-Jamri, Ishac Diwan, Sharhabeel al-Zaeem, John J. Donohue, and Yang Jianli. (2012, March). A Strategy for Syria Under International Law: How to End the Asad Dictatorship while Restoring Nonviolence to the Syrian Revolution. *Harvard International Law Journal 53*, pp. 148-149. https://harvardilj.org/2012/03/online_53_mallat_et_al/

[43] Ver nota 39.

[44] Para la investigación en el rol de la resistencia civil para producir estabilidad o inestabilidad en la fase post-transición, consultar:

Pinckney, Jonathan. (2018). *When Civil Resistance Succeeds: Building Democracy After Popular Nonviolent Uprisings*. Washington, DC: ICNC Press. https://www.nonviolent-conflict.org/wp-content/uploads/2018/10/When-Civil-Resistance-Succeeds-Pinckney-monograph.pdf

[45] De acuerdo con Mohja Kahf, "El número de víctimas mortales en Siria después de que la militarización del levantamiento se disparó, pasó de un insoportable cinco o seis a treinta víctimas por día por el fuego del régimen en la fase noviolenta, a setenta o trescientas víctimas del fuego del régimen por día."

Kahf, Mohja. (2013). *Then and Now: The Syrian Revolution to Date*. St. Paul: Friends for a Nonviolent World, pp. 16–17.
http://www.fnvw.org/vertical/Sites/%7B8182BD6D-7C3B-4C35-B7F8-F4FD486C7CBD%7D/uploads/Syria_Special_Report-web.pdf

[46] Chenoweth, Erica, and Maria J. Stephan. (2014, July-August). Drop your weapons: when and why civil resistance works. *Foreign Affairs*, 93(4).

[47] Como Mansbridge y Mallat señalaron en 2012: "Las recientes revoluciones en Libia y Siria ofrecen una lección amarga: para generar una intervención externa en contra de un dictador, la rebelión armada es más efectiva que incluso la noviolencia más heroica…"

Mallat, Chibli, and Jane Mansbridge. (2012, September 11). Outside Intervention in Nonviolent Revolutions. *JURIST – Forum*.
http://jurist.org/forum/2012/09/mallat-mansbridge-nonviolent-intervention.php

[48] Para ver un ejemplo sobre lo que pudo haber implicado la acción de desconocimiento, ver nota 42.

[49] Para dar un paso más allá, Wilson ofrece criterios para evaluar si una campaña puede ser caracterizada como un movimiento por los derechos humanos. Estos criterios incluyen cuatro "principios generales de no discriminación, no represión, no explotación y noviolencia. Si los movimientos de resistencia civil manifiestan estos principios, o algunos de ellos sin negar los demás, entonces podría decirse que es apropiado caracterizarlos como movimientos por los derechos humanos."

Wilson, Elizabeth A. (2017). *People Power Movements and International Human Rights: Creating a Legal Framework*. Washington, DC: ICNC Press, pp. 53–58, 90–107.
https://www.nonviolent-conflict.org/wp-content/uploads/2017/11/People-Power-Movements-and-International-Human-Rights_Elizabeth-A-Wilson_2017.pdf

[50] Irónicamente, a pesar del predominio de las campañas que luchan por derechos y tienen objetivos reformistas, el campo de la resistencia civil actualmente tiene más datos cuantitativos sobre campañas que directamente tratan de cambiar gobiernos; mismos que fueron citados anteriormente en este documento. Esta disponibilidad de información probablemente se debe a que estas campañas han sido más fáciles de contar, clasificar y comparar (por lo tanto, prestándose a sí para el análisis cuantitativo). Sin embargo, esto no debería empañar el hecho de que muchas campañas buscan fines diferentes a una transición política.

[51] Sobre este tema, Bartkowski evaluó el impacto de algunos intentos poco conocidos del Kremlin para fomentar movilizaciones de base (particularmente protestas) en los Estados Unidos, y concluyó que:

"Los esfuerzos del Kremlin para manipular el potencial de protesta en los Estados Unidos solo han sido solo parcialmente exitosos en línea y han tenido poco éxito en el terreno. Lo que la interferencia del Kremlin en los EEUU probó es que un importante descontento popular masivo no puede ser instigado en las calles sin auténticos conductores de base."

Señala que los tiempos en que "los trolls rusos tuvieron más éxito—aunque se hayan quedado cortos en provocar algún tipo de ola revolucionaria sobre el terreno—cuando obtuvieron miles de 'likes' en las publicaciones de sus páginas falsas de Facebook (esta interacción no se traduce en niveles comparables de participación en las calles)… o cuando su llamado a protestas básicamente se subió a la ola de movimientos que ya estaban sucediendo."

Además, afirma que "los intentos de fabricar protestas fracasaron miserablemente cuando temas específicos promovidos por agentes rusos no fueron vistos por las comunidades como equivalentes a reclamos genuinos. Por ejemplo, las protestas de duelo instigadas por Rusia cerca del centro islámico Da'wah en Houston, Texas el 21 de mayo de 2016 que involucraba el 'Alto a la Islamización de Texas' y la contra-manifestación 'Salven el conocimiento islámico' llevaron, de acuerdo a testigos, solo unos pocos participantes: 10 y 50 respectivamente. Esto muestra cuán difícil es, si no imposible, organizar una protesta masiva desde el exterior sin aprovechar un sentimiento y preparación preexistentes de una comunidad para demostrar una causa específicamente estimulada…"

Bartkowski, Maciej. (2018). The Case for Civil Resistance to Russia's Populace-Centric Warfare. *Free Russia Foundation*, pp. 14–15.
https://www.4freerussia.org/the-case-for-civil-resistance-to-russias-populace-centric-warfare/

[52] Reconocemos que el patrocinio estatal es un factor identificado en la tasa de éxito de las insurgencias violentas, y que a través del material de apoyo los estados pueden tener más control sobre esas insurgencias. Sin embargo, no se debe extrapolar que esta misma relación aplica también para las campañas noviolentas. Por ejemplo, Chenoweth y Stephan encontraron que la presencia de un estado extranjero patrocinador aumentó la probabilidad de éxito de las campañas violentas en un 15 por ciento, pero la presencia de material de apoyo de un estado extranjero para las campañas noviolentas no afectó positiva o negativamente su resultado. (Chenoweth y Stephan, 2011).

El material de apoyo de un estado extranjero también crea riesgos reales, como Chenoweth y Perkoski encontraron en relación a campañas en general (tanto violentas como noviolentas): "...los estados tienen 25 veces más probabilidades de tomar medidas enérgicas en contra de civiles cuando... [una] campaña disidente recibe apoyo estatal extranjero..."

Ver también las notas 35 y 51.

Chenoweth, Erica, and Maria J. Stephan. (2011). *Why Civil Resistance Works: The Strategic Logic of Nonviolent Conflict.* New York: Columbia University Press, p. 59.

Perkoski, Evan, and Erica Chenoweth. (2018). *Nonviolent Resistance and Prevention of Mass Killings During Popular Uprisings.* Washington, DC: ICNC Press, p.18. https://www.nonviolent-conflict.org/wp-content/uploads/2017/07/nonviolent-resistance-and-prevention-of-mass-killings-perkoski-chenoweth-2018-icnc.pdf

[53] Chenoweth, Erica, and Maria J. Stephan. (2011). *Why Civil Resistance Works: The Strategic Logic of Nonviolent Conflict.* New York: Columbia University Press, p. 216.

[54] *Ibid*. p.218.

[55] Esto también apunta al hecho de que los modelos que miran a la "revolución" indiferenciada o a la "transición política rápida" como motor de inestabilidad política y factor de riesgo para la guerra civil y atrocidades masivas están perdiendo un punto clave: los métodos (noviolentos o violentos) utilizados para lograr la transición política puede tener tanta o más importancia que el hecho de transición en sí misma.

[56] Stephan, Maria J., Sadaf Lakhani, and Nadia Naviwala. (2015). Aid to Civil Society: A Movement Mindset. Special Report 361. United States Institute of Peace, p. 11. https://www.files.ethz.ch/isn/188828/SR361-Aid_to_Civil_Society_A_Movement_Mindset.pdf

[57] Wilson, Elizabeth. (2015). International Legal Basis of Support for Nonviolent Activists and Movements. In Matthew Burrows and Maria J. Stephan (Eds.), *Is Authoritarianism Staging a Comeback?* (p. 160). Washington, DC: The Atlantic Council.

En un trabajo posterior, Wilson enlista los derechos del PIDCP que "un movimiento puede solicitar y ejercer mientras emplea la lucha noviolenta," incluyendo:

    <u>**Derechos colectivos**</u>
    Artículo 1 (libre determinación)

Derechos de expresión y asociación
Artículo 18 (libertad de pensamiento, de conciencia y de religión)
Artículo 19 (libertad de opinión y expresión)
Artículo 21 (derecho de reunión pacífica)
Artículo 22 (libertad de asociación)
Artículo 25 (derecho a la participación política)

Derechos de integridad corporal
Artículo 6 (derecho a la vida)
Artículo 7 (derecho a no ser sometido a torturas; ni a tratos crueles, inhumanos o degradantes)
Artículo 9 (derecho a la libertad y a la seguridad personales; derecho a no ser sometido a detención o prisión arbitrarias)
Artículo 10 (dignidad)

Wilson, Elizabeth A. (2017). *People Power Movements and International Human Rights: Creating a Legal Framework*. Washington, DC: ICNC Press, p. 66.

[58] Tales tratados incluyen: el Pacto Internacional de Derechos Civiles y Políticos (PIDCP), la Carta Africana de Derechos Humanos y de los Pueblos, la Convención Europea de Derechos Humanos (CEDH), la Convención Americana sobre Derechos Humanos, la Convención Internacional sobre la Eliminación de todas las Formas de Discriminación Racial. Las resoluciones de la Asamblea General de las Naciones Unidas incluyen la Declaración Universal de los Derechos Humanos, la Declaración de Responsabilidades y Deberes Humanos, Grupos y Organismos de la Sociedad para Promover y Proteger los Derechos Humanos Universalmente Reconocidos y las Libertades Fundamentales (Declaración de los Defensores de los Derechos Humanos). Las Instituciones Internacionales incluyen al Comité para los Derechos Humanos, el Consejo de Derechos Humanos de las Naciones Unidas, y la Organización Internacional del Trabajo.

Consultar: Wilson, Elizabeth. (2015). International Legal Basis of Support for Nonviolent Activists and Movements. In Matthew Burrows and Maria J. Stephan (Eds.), *Is Authoritarianism Staging a Comeback?*. Washington, DC: The Atlantic Council.

[59] Kiai, Maina. *Report of the Special Rapporteur on the Rights to Freedom of Peaceful Assembly and of Association*, A/HRC/23/39, párrafo, 8.

[60] Wilson, Elizabeth. (2015). International Legal Basis of Support for Nonviolent Activists and Movements. In Matthew Burrows and Maria J. Stephan (Eds.), *Is Authoritarianism Staging a Comeback?* (pp. 159-60). Washington, DC: The Atlantic Council.

[61] Ackerman, Peter, and Michael J. Glennon. (2007, September 1). The Right Side of the Law. *The American Interest*, *3*(1).
https://www.the-american-interest.com/2007/09/01/the-right-side-of-the-law/

[62] Así como Peter Ackerman y Michael Glennon escriben: "Los autócratas contemporáneos se esconden detrás de principios de soberanía y de su corolario de prohibición contra la intromisión en los asuntos internos de un estado (las normas jurídicas internacionales que surgieron cuando el tipo de móvil era la tecnología de punta). Su argumento ya no funciona como en los días de Gutenberg. La soberanía estatal sigue siendo un pilar importante en la estructura del derecho internacional, pero la noción de que la soberanía reside en el jefe de estado hace tiempo que caducó para pasar al reconocimiento de que ésta reside en el pueblo de una nación. El alcance de la soberanía se redujo aún más en el siglo XX, cuando un gran conjunto de leyes llegó a proteger a los derechos humanos reconocidos internacionalmente. Y con el número de democracias electorales duplicándose en los últimos 20 años, el derecho emergente a la gobernanza democrática se ha convertido en la pieza central de los derechos humanos."

Ackerman, Peter, and Michael J. Glennon. (2007, September 1). The Right Side of the Law. *The American Interest*, *3*(1).
https://www.the-american-interest.com/2007/09/01/the-right-side-of-the-law/

[63] PIDCP, Art. 1(1).

[64] PIDCP, Art. 25.

[65] Kiai, Maina. *Report of the Special Rapporteur on the Rights to Freedom of Peaceful Assembly and of Association, A/HRC/23/39*, párrafos. 30, 32.

[66] *Ibid*. párrafo. 31.

[67] Para un ejemplo, ver nota 38.

[68] Ver notas 35, 51, y 52.

[69] El derecho internacional ha dado estatus a los insurgentes violentos bajo los siguientes criterios: "Primero, dentro del Estado debe existir un conflicto armado de carácter general (a diferencia de un carácter puramente local); en segundo lugar, los insurgentes deben ocupar y administrar una parte sustancial del territorio nacional; tercero, deben conducir las hostilidades de acuerdo con las reglas de la guerra y a través de fuerzas armadas organizadas bajo una autoridad responsable; cuarto, deben

existir circunstancias que hagan necesario que los Estados externos definan su actitud mediante el reconocimiento de la beligerancia."

Lauterpacht, Hersch. (1947). *Recognition in International Law,* pp. 176–78. As cited in: Wilson, Elizabeth. (2015). 'People Power' and the Problem of Sovereignty in International Law. *Duke Journal of Comparative & International Law, 26*(5).

[70] Wilson, Elizabeth. (2015). 'People Power' and the Problem of Sovereignty in International Law. *Duke Journal of Comparative & International Law, 26*(5), p. 585.

[71] *Ibid.* p. 586.

[72] *Ibid.* p. 587.

[73] Dos fuentes que exploran esta cuestión de manera más completa son:

Wilson, Elizabeth. (2015). 'People Power' and the Problem of Sovereignty in International Law. *Duke Journal of Comparative & International Law, 26*(5).

Wilson, Elizabeth A. (2017). *People Power Movements and International Human Rights: Creating a Legal Framework.* Washington, DC: ICNC Press.
https://www.nonviolent-conflict.org/wp-content/uploads/2017/08/People-Power-Movements-and-International-Human-Rights-Monograph-Website-Version.pdf

Agradecimientos

Estamos agradecidos por los comentarios a los primeros borradores de este informe por parte de Maciej Bartkowski, Erica Chenoweth, Larry Diamond, Amber French, Chibli Mallat, Jane Mansbridge, Jason Marczak, Chris Miller, Maria Stephan, Tabatha Thompson, Rosarie Tucci, Paula Garcia Tufro y Lawrence Woocher. También queremos agradecer a Julia Constantine por su revisión y apoyo en la publicación.